U0330657

国家自然科学基金青年科学基金项目（52008019）

六合文稿　长　城·聚　落　丛　书

张玉坤　主编

明长城军事防御体系整体性保护策略

徐凌玉　张玉坤　李严　著

中国建筑工业出版社

图书在版编目（CIP）数据

明长城军事防御体系整体性保护策略 / 徐凌玉，张
玉坤，李严著. — 北京：中国建筑工业出版社，2024.6
（六合文稿：长城·聚落丛书 / 张玉坤主编）
ISBN 978-7-112-29852-5

Ⅰ.①明… Ⅱ.①徐… ②张… ③李… Ⅲ.①长城—
防御体系—研究—中国—明代 Ⅳ.①K928.77②E294.8

中国国家版本馆CIP数据核字（2024）第094559号

责任编辑：杨晓　唐旭
版式设计：锋尚设计
责任校对：王烨

微信扫一扫，享增值服务

六合文稿　长城·聚落丛书
张玉坤　主编

明长城军事防御体系整体性保护策略

徐凌玉　张玉坤　李严　著

*
中国建筑工业出版社出版、发行（北京海淀三里河路9号）
各地新华书店、建筑书店经销
北京锋尚制版有限公司制版
北京中科印刷有限公司印刷
*
开本：787毫米×1092毫米　1/16　印张：10　插页：1　字数：205千字
2024年6月第一版　2024年6月第一次印刷
定价：**68.00元**
ISBN 978-7-112-29852-5
（42764）

编 者 按

　　长城作为中华民族的伟大象征，具有其他世界文化遗产所难以比拟的时空跨度。早在两千多年前的春秋战国之际，各诸侯国之间为相互防御和兼并扩张，抵御北方游牧民族的侵扰，齐、楚、燕、韩、赵、魏、秦等诸侯国就已在自己的边境地带修筑长城。秦始皇统一中国，将位于北部边境的燕、赵和秦昭王长城加以补修和扩展，形成了史上著名的"万里长城"。汉承秦制，除了沿用已有的秦长城，又向西北边陲大力增修扩张。此后历代多有修建，偏于一隅的金王朝也修筑了万里有余的长城防御工事。明代元起，为防北方蒙古鞑靼，修筑了东起辽宁虎山、西至甘肃嘉峪关的边墙，全长八千八百多千米，是迄今保存最为完整的长城遗址。

　　国内外有关长城的研究由来已久，早期如明末清初顾炎武（1613.07—1682.02）从历史、地理角度对历代长城的分布走向进行考证。清末民初，王国维（1877.12—1927.06）对金长城进行了专题考察，著有《金界壕考》；美国人W.E.盖洛对明长城遗址进行徒步考察，著有《中国长城》（*The Great Wall of China*，1909）；以及英国人斯坦因运用考古学田野调查的方法对河西走廊的汉代长城进行考察等。国内学者张相文的《长城考》（1914）、李有力的《历代兴筑长城之始末》（1936）、张鸿翔的《长城关堡录》（1936）、王国良的《中国长城沿革考》（1939）、寿鹏飞的《历代长城考》（1941）等均属民国时期的开先之作。改革开放之后，长城研究再度兴盛，成果卓著，如张维华《中国长城建制考》（1979）、董鉴泓和阮仪三《雁北长城调查简报》（1980）、罗哲文《长城》（1982）、华夏子《明长城考实》（1988）、刘谦《明辽东镇及防御考》（1989）、史念海《论西北地区诸长城的分布及其历史军事地理》（1994）、董耀会《瓦合集——长城研究文论》（2004）、景爱《中国长城史》（2006）等。同时，国家、地方有关部门和中国长城学会进行了多次长城资源调查，为长城研究提供了可靠的资料支持。概而言之，早期研究多集中在历代长城墙体、关隘的修建历史、布局走向及其地理与文化环境，近年来逐步从历史文献考证向文献与田野调查相结合，历史、地理、考古、保护实践等多学科相融合的方向发展，长城防御体系的整体性概念逐渐形成。丰富的研究成果和学术进步，对长城研究与保护贡献良多，也为进一步深化和拓展长城研究打下坚实基础。

　　聚落变迁一直是天津大学建筑学院六合建筑工作室的主导研究方向。2003年，工作室师生赴西北地区进行北方堡寨聚落的田野调查，在明长城沿线发现大量堡寨式的防御性聚落，且尚未引起学界的广泛关注。自此，工作室便在以往聚落变迁研究的基础上，开启了"长城军事聚落"这一新分支，同时也改变了以单个聚落为主的建筑学研究方法。在研究过程中，课题组坚持整体性、层次性、系统性的研究思路和原则，将长城防御体系与军事聚落视作一个巨大时空跨度的统一整体来考虑，在这一整体内部还存在不同的规模层次或不同的子系统，共同构成一个整体的复杂系统。面对巨大的复杂系统，课题组采用空间分析（Spatial Analysis）的研究方法，以边疆军事防御体系和军事制度为线索，以遗址现场调查、古今文献整理为依托，对长城军事聚落整体时空布局和层次体系进行研究，以期深化对长城的整体性、层次性和系统性的认识，进一步拓展长城文化遗产构成，充实其完整性、真实性的遗产保护内涵。基于空间分析方法的技术需求，课题组自主研发了"无人机空—地协同"信息技术平台，引进了"历史空间信息分析"技术，以及虚拟现实、地理定位系统等技术手段。围绕长城防御体系和海防军事聚落、建筑遗产空—地协同和历史空间信息技术，工作室课题组成员承担了十几项国家自然科学基金项目和科技支撑计划课题，先后指导40余名博士生、硕士生撰写了学位论文，科学研究与人才培养相结合为长城·聚落系列研究的顺利开展提供了有力支撑和保障。

　　"六合文稿"长城·聚落丛书的出版，是六合建筑工作室中国长城防御体系和传统聚落研究的一次阶段性总结汇报。先期出版的几本文稿，主要以明长城研究为主，包括明长城九边重镇全线和辽东镇、蓟镇、宣府镇、甘肃镇，以及金长城的防御体系与军事聚落和河北传统堡寨聚落演进机制的研究；后期计划出版有关明长城防御体系规划布局机制、军事防御聚落体系宏观系统关系、清代长城北侧城镇聚落变迁、明代海防军事聚落体系，以及中国传统聚落空间层次结构、社区结构的传统聚落形态和社会结构表征与聚落形态关系的分析等项研究内容。这些文稿作为一套丛书，是在诸多博士学位论文的基础上改写而成，编排顺序大体遵循从宏观到微观、从整体到局部的原则，研究思路、方法亦大致趋同。但随时间的演进，对研究对象的认识不断深化，使用的分析技术不断更新，不同作者对相近的研究对象也有些许不同的看法，因而未能实现也未强求在写作体例和学术观点上整齐划一，而是尽量忠实原作，维持原貌。博士生导师作为作者之一，在学位论文写作之初，负责整体论文题目、研究思路和写作框架的制定，写作期间进行了部分文字修改工作；此次文稿形成过程中，又进行局部修改和文字审核，但对属于原学位论文作者的个人学术观点则予以保留，未加干预。

　　在此丛书付梓之际，面对长城这一名声古今、享誉内外的宏观巨制，虽已各尽其力，却仍惴惴不安。一些问题仍在探索，研究仍在继续，某些结论需要进一步斟酌，瑕疵、纰漏之处在所难免。是故，谓之"文稿"，希冀得到读者的关注、批评和教正。

　　在六合建筑工作室成员进行现场调研、资料搜集、文稿写作和计划出版期间，得到了多方的支持和帮助。感谢国家自然科学基金的大力支持，"中国北方堡寨聚落基础性研究"（2003—2005）项目的批准和实施，促使工作室启动了长城军事聚落研究，其后十几个基金项目的批准保障了长城军事聚落基础性、整体性研究的顺利开展；感谢中国长城学会和长城沿线各省市地区文保部门专家在现场调研和资料搜集过程中所给予的无私帮助和明确指引；感谢中国建筑工业出版社对本套丛书编辑出版的高度信任和耐心鼓励；感谢天津大学领导和建筑学院、研究生院、社科处等有关部门领导所给予的人力物力保障和学校"985"工程、"211"工程和"双一流"建设资金的大力支持。向所有对六合建筑工作室的研究工作提供帮助、支持和批评建议的专家学者、同仁朋友表示衷心感谢。

前　言

　　本书基于对明长城的真实性与完整性认知，以军事防御体系为研究对象，对其整体性保护策略与方法进行探讨。从空间人文视角，获取全面、真实的遗产信息，建构多层次、多维度的明长城防御体系基础信息系统，进行明长城防御体系基础信息数据库的建设；构建完整的明长城文化遗产价值评估体系，对其内在价值进行定性描述，对其保存价值进行等级评定，对其经济价值进行量化评估，详细制定评价内容、分类依据、评价标准、工作流程；从宏观层面上，提出基于历史分区层次性的跨区域的保护管理划界，以及基于明长城防御体系系统性的保护范围界定方法；对明长城修复的理念与方法进行讨论，从微观层面上提出基于详细测绘与残损分析的长城修复设计方法；总结明长城保护规划大纲的总体原则，以河北地区明长城防御体系为例，从保护对象、价值评估、跨区域规划策略、系统性保护范围划定、保护修缮原则以及展示利用策略等方面进行详细阐述。

　　明长城整体性保护策略，是现阶段长城文化遗产保护的迫切需求，本书希望为明长城保护工作提供有效的数据支撑、技术支持以及保护管理依据。开展明长城防御体系整体性保护策略的研究，对加强长城真实性、完整性认识，完善长城整体性保护的原则与方法，提升长城文化遗产价值，具有重要的理论与现实意义。明长城文化遗产的研究与保护工作任重而道远，为伟大的长城文化遗产得以完整地世代相传，我们需要不断努力前行。

目　录

编者按

前　言

绪　论 ……………………………………………………………………… 1
    一、研究背景 ……………………………………………………………… 1
    二、研究内容 ……………………………………………………………… 4
    三、研究现状 ……………………………………………………………… 12

第一章　明长城防御体系系统构成与数据库建设 …………………… 25
  第一节　明长城军事防御体系层次体系研究 ………………………… 25
    一、明长城军事防御制度 ………………………………………………… 25
    二、明长城军事防御体系层次体系布局 ………………………………… 28
  第二节　明长城文化遗产要素构成 …………………………………… 29
    一、明长城文化遗产要素认知与分类 …………………………………… 29
    二、明长城相关有形文化遗产分类与构成 ……………………………… 31
    三、明长城相关无形文化遗产分类与构成 ……………………………… 35
  第三节　明长城防御体系基础信息数据库建设 ……………………… 37
    一、明长城防御体系基础信息数据库建设背景 ………………………… 37
    二、明长城防御体系数据库的总体构成 ………………………………… 41
    三、明长城防御体系文化遗产专题数据库 ……………………………… 44
    四、明长城防御体系基础信息数据库应用及发展 ……………………… 54

第二章　明长城文化遗产价值评估体系 …………………………… 57
  第一节　文化遗产价值评估内容及方法 ……………………………… 57
    一、文化遗产价值评估的内容及发展 …………………………………… 57
    二、文化遗产价值评估方法 ……………………………………………… 58
  第二节　明长城文化遗产价值评估意义及框架 ……………………… 60
    一、明长城文化遗产价值评估意义 ……………………………………… 60
    二、明长城文化遗产价值评估框架 ……………………………………… 60
  第三节　明长城文化遗产内在价值评估 ……………………………… 62
    一、明长城文化遗产突出普遍价值认定（OUV） ……………………… 62
    二、明长城文化遗产内在价值分类评估 ………………………………… 63
  第四节　明长城文化遗产保存价值评估 ……………………………… 64
    一、明长城遗产价值评估体系的建立 …………………………………… 65
    二、明长城环境价值评估体系的建立 …………………………………… 73
    三、明长城保存价值评估的过程与结论 ………………………………… 76
  第五节　明长城文化遗产经济价值评估 ……………………………… 77

一、明长城经济价值调查问卷设计 ·· 77
二、明长城经济价值调查结果统计分析 ·· 77

第三章　明长城整体性保护方法研究·· **83**
第一节　基于文化遗产完整性与真实性的长城保护原则 ······················· 83
一、完整性保护概念 ·· 83
二、真实性保护概念 ·· 84
三、明长城防御体系完整性与真实性保护原则 ···································· 84
第二节　明长城文化遗产保护总体原则 ··· 85
一、明长城文化遗产保护相关法规条例 ·· 85
二、长城文化遗产保护总体性原则 ·· 86
第三节　明长城保护区段划分原则与方法 ·· 87
一、基于明长城防御体系层次性的保护区段划分方法 ··························· 87
二、明长城文化遗产跨区域的协同保护办法 ······································ 88
第四节　明长城保护范围界定办法 ·· 89
一、相关法规条例对于明长城保护范围的界定 ···································· 89
二、基于层次体系的明长城保护范围划定 ··· 90
三、明长城保护范围与建设控制地带范围界定示意 ······························ 92
四、长城保护区划范围内的已有违规建筑与构筑物 ······························ 93

第四章　明长城遗迹遗存残损分析及修复方法研究·································· **94**
第一节　明长城遗迹遗存的破坏原因 ··· 94
一、明长城遗迹遗存自然因素的残损 ·· 94
二、明长城遗迹遗存人为因素的残损 ·· 97
第二节　明长城遗迹遗存修复基本原则 ··· 99
一、现有长城保护维修基本准则 ·· 100
二、国外遗迹遗存修复基本理念 ·· 100
三、明长城遗迹遗存修复原则探讨 ·· 101
第三节　明长城物质遗存维修情况与展示方法 ··································· 102
一、长城物质遗存维修的基本情况 ·· 102
二、明长城物质遗存病害类型及维修方法 ··· 103
三、明长城文化遗产的展示技术与策略 ·· 105
第四节　明长城军事防御工事修复设计研究——以徐流口敌台为例 ········· 107
一、明长城防御工事修复设计思路与理念 ··· 107
二、徐流口地区长城遗址历史与区域分析 ··· 108
三、徐流口地区长城防御工事残损分析与保护方法 ······························ 113
四、长城遗址保护与修复建议 ·· 120

第五章　明长城保护规划大纲专题研究——以河北地区为例·················· **122**
第一节　明长城保护规划大纲研究背景及总体原则 ···························· 122
一、明长城保护规划大纲研究背景 ·· 122
二、明长城保护规划大纲编制的总体原则 ··· 123
第二节　长城保护规划编制的内容及基本框架 ·································· 124
一、长城保护规划编制的内容要求 ·· 124

二、省级长城保护规划编制的基本框架 …………………………………………… 125

第三节 河北长城概况及其保护发展 ………………………………………………… 126

一、河北省明长城概况 …………………………………………………………… 126

二、河北省长城保护发展 ………………………………………………………… 128

第四节 河北地区明长城保护规划大纲内容分析 ………………………………… 129

一、河北地区明长城保护对象界定 …………………………………………… 129

二、河北明长城文化遗产价值评估 …………………………………………… 130

三、河北明长城规划策略 ……………………………………………………… 133

四、河北明长城保护范围划定 ………………………………………………… 134

五、河北明长城保护修缮原则 ………………………………………………… 135

六、河北明长城动态保护与展示策略 ………………………………………… 135

结 语 ………………………………………………………………………………………… 137

附录 明长城军事防御体系经济价值评价问卷调查 …………………………………… 139

参考文献 …………………………………………………………………………………………… 142

绪　论

一、研究背景

长城作为中国重要的文化遗产，自1987年列入《世界遗产名录》至今已有30余年的时间，但随着城市发展的不断推进，自然损毁和人为破坏情况却日益严峻。社会各界对于长城文化遗产的保护工作逐渐开展，保护热情也愈加高涨，主要关注长城墙体与重要关隘的保护与修复，而对军事防御体系的整体性保护付诸阙如，尚未形成科学真实的长城价值认知以及合理有效的保护理念与方法。本书以明长城为主要研究对象，在明长城军事防御体系整体性研究的完整框架之下，提出从明长城整体性出发的保护策略，以期为各地区的长城保护与管理工作提供更为准确的思路与方法。

（一）保护长城文化遗产的紧迫性

自1952年起，国家开始对长城重点区段进行长城资源调查与保护工作，至今已有60余年的时间，然而长城保存与维护状况却不容乐观。国家测绘局2009年发布的信息显示，明长城全长6259.6千米的人工墙体中，只有8.2%保存状况尚好，而74.1%保存较差或仅余基底部分[①]。保存较好的长城遗址亦存在坍塌、倾覆之虞（图0-1）。尤其需要关注的是，长城防御体系中相关军事聚落以及沿线防御工

图0-1　徐流口地区长城残损敌台及墙体
（图片来源：作者拍摄于2016年）

---

① 李韵. 不能让人为因素造成长城毁灭性破坏[N]. 光明日报，2009-04-20（005）.

图0-2　马兰关西营城残损城墙墙体（仅剩北侧与东侧残损城墙）
（图片来源：作者拍摄于2016年）

事、相关遗迹等由于长期缺乏研究、关注和相应的保护管理，受到的破坏情况更为严重。经天津大学六合建筑工作室长城研究课题组长期对明长城防御体系和军事聚落的考察研究，京津冀地区3/4以上的军事聚落仅存不完整墙体，城池内部明清时期的建筑与街道已不复存在（图0-2）。

目前，长城文化遗产保护工作主要面临以下几方面问题：①主管部门监管不到位，忽视长城文化遗产的重要性，缺少长城保护监管人员，缺乏监管力度，保护界线与保护职责划定不清晰；②社会认知不足，社会民众对长城文化遗产价值认知的缺失直接导致了对长城保护意识的淡漠，出现盗用长城遗址材料，甚至恶意破坏等现象；③修缮性破坏，近年来部分地区在长城修缮过程中，由于未能采用科学合理的保护修复设计，导致的施工错误、滥用违规材料、施工过程粗放等问题，给长城遗址及其周边环境造成了严重且不可逆性破坏；④过度开发，由于长城文化遗产分布广泛、体量巨大，造成了长城的旅游开发展示工作的巨大困难，而重点地区过度开发，破坏性展示与游客数量超负荷等问题，均是加速长城文化遗产不断破坏的重要原因。

因此，在明长城军事防御体系整体性研究的基础上，正确认知长城军事防御体系的真实价值，制定相应的整体性保护策略与方法，全面保护长城文化遗产已迫在眉睫。

（二）长城保护工作的真实性和完整性

作为珍贵的世界文化遗产，充分体现明长城的真实性和完整性的价值认知与评估仍是目前亟待解决的科学问题和现实需求。《长城保护条例》中所指长城，

"包括长城的墙体、城堡、关隘、烽火台、敌楼等"[①]，这里长城文化遗产的概念仅为长城所包含的不同遗迹遗址类型的集合，若无法理解长城军事防御体系的整体构成、层次体系及其各构成要素的相互关系，则不能实现长城的真实性保护目的。以"摸清家底"为目标的长城资源调查以及第三次文物普查，首次对长城资源进行全面与系统的调查梳理工作，但由于对于长城防御体系整体性认知的不足，部分地区长城墙体两侧一定距离以外的军事聚落和防御工事仍处于未被关注与认知、考察遗漏状态。随着研究的不断深入，长城军事防御体系的概念虽已逐渐被学界所接受，但并未得到大众认知，保护意识与价值认知存在严重缺陷。保护范围界定不清、从属关系与历史不符等问题，严重影响了现阶段的保护管理工作，因而难以确立符合长城历史真实的保护原则和保护策略，长城的保护也就无法实现真正意义上的真实性和整体性。

基于已有对长城的整体性内涵的理论研究成果，课题组要求还原长城防御体系的真实面目，科学评价长城文化遗产价值，以此制定整体性保护和展示策略，为长城总体保护和各地区保护规划提供示范，从而深化、拓展人们对长城的认识，提高长城在国际上的文化影响力，同时可以为深入挖掘长城文化资源和科学探索长城文化产业发展，提供有力的技术支撑。

（三）长城文化遗产的珍贵价值

中国古代长城，是在不同时期军事管理制度的指引下，建立的具有整体性、系统性以及层次性的军事防御体系。明代长城军事防御体系包括陆路（海路）屯兵系统、军需屯田系统、烽传信息系统以及驿传交通系统等不同的子系统。除了军事防御的需要，和平时期还在长城沿线开设诸多市口，以满足长城内外的贸易交换与文化交流需求。长城防御体系是一个集军事、政治、经济、文化和民族交融于一体的"秩序带"[②]。

长城防御体系蕴含着历代边防政治变迁、贸易交流、军事管理、军事地理等诸多重要历史信息，是长城周边军事、历史与社会变迁的重要见证。通过对于明长城防御体系真实性和完整性的认知，进行科学有效的信息采集与梳理，将现存的、已经消逝或正在消失的长城文化资源，通过信息化手段进行保留，建立长城文化遗产数据库，为之后的研究提供重要支撑；对其进行价值评估，将大大提升其历史文化价值和国际影响力，提高人们对长城的价值认知，具有巨大的社会文化效益；探讨长城遗址修复方法，合理有效地对长城文化遗产进行干预保护，以期延长遗产寿命，提升遗产价值，使之展现于更多世人面前；通过对于其文化资

[①] 中华人民共和国国务院. 长城保护条例[Z]. 2006-10-11.
[②] 长城防御体系作为"秩序带"的概念是天津大学建筑学院张玉坤教授六合建筑工作室长城课题组的共同研究成果。参见范熙晅. 明长城军事防御体系规划布局机制研究[D]. 天津：天津大学，2015.

源的挖掘与拓展，提高长城文化旅游层次，扩大规模，促进文化旅游产业经济增长；制定明长城整体性保护策略，以及不同层次保护规划示范与推广，具有显著的环境与景观效益。长城整体性保护策略，将加深人们对长城的认识，提升长城历史文化价值，对于弘扬中华民族传统文化，增强中华民族的文化自豪感、自信心和国际文化竞争力具有重大的现实意义。

（四）研究团队已有成果及未来发展

研究团队自2003年起对于明长城军事防御体系沿线各省的大量军事防御聚落、长城墙体及其附属建筑进行了相关的调研与测绘工作，积累了大量长城相关遗迹遗存的地理坐标、测绘数据、测绘图纸以及航拍影像等，为长城的整体性研究工作提供了原始数据资料支撑。

课题研究从明长城总体或分镇、分区域入手对于长城进行军事防御系统的构成要素、系统关系、空间布局、防御机制等方面的专题研究，不断拓展对于明长城军事防御体系真实性与完整性的认知。前期明长城的基础性研究成果为进一步的明长城文化遗产保护工作提供了有力的研究基础，为价值评估与修复管理工作提供了理论依据。

自2011年起，天津大学六合建筑工作室长城研究课题组开始建设明长城GIS数据库，该数据库基于数十年的调研成果以及明长城防御体系的研究基础建立，数据库初期仅包含明长城及其沿线重要军事聚落的地理坐标，用以分析明长城防御体系的空间布局与总体关系。随着研究资料与调研成果的逐渐丰富，明长城GIS数据库中，明长城及其军事防御聚落的地理坐标基本补充完善。在此基础上本研究展开了明长城基础信息数据库的建设，在原有GIS数据库的基础上，搭建包含明长城防御体系全要素的数据框架，以数据、文献、图纸、影像等多种形式对于明长城进行全面记录，希望以此为之后的明长城文化遗产保护工作提供科学有效的数据支撑。

基于研究团队对明长城防御体系的总体研究成果，以"整体性"的观念对于明长城文化遗产进行保护策略的探讨，希望以此可以对长城价值评估体系、保护管理方法、修复维护方式等问题提供更全面、合理、尊重史实的研究与保护方案。

二、研究内容

（一）研究对象

本书以明长城军事防御体系作为研究对象，主要对其整体性研究与保护方法策略进行探讨，并选取河北地区长城作为研究示例，进行具体区域示例与分析。明长城军事防御体系，是明朝为防御北部外敌入侵而建立的大型完整的军事防御体系。明代自洪武至崇祯年间历经两百多年的修筑，完成长城本体及千余座各级军事防御聚落的修筑工程，最终形成：以全国范围内的都司卫所制度作为军事管理制度，以边疆区域的九边镇守制度作为军事统帅制度，逐步完善的明长城九边军事重镇。明长城进而成为明朝政府抵御北方游牧民族入侵的重要防御措施。

明长城九边诸镇自东向西依次为辽东、蓟州、宣府、大同、山西、延绥、宁夏、固原与甘肃。其中蓟镇于嘉靖年间分出昌镇、真保镇，陕西镇于万历年间分出临洮镇，直至明末甚至长城沿线出现多达二十镇的军镇划分[①]。新增诸镇形成时期较晚，没能建设完善，未对明长城的总体格局形成较大影响，故依旧沿用"明长城九边重镇"的名称，本书以下研究均基于"明长城九边十一镇"的概念进行分析与讨论。

明长城作为中国长城的典型代表，其"九边重镇"分区联防，各守一方，由长城本体（墙体）、城堡、驿站、烽火台、关隘等军事聚落和防御工事共同构成整体性防御体系。明长城文化遗产物质构成可主要分为明长城本体（包括明长城墙体、敌台等）、明长城军事聚落（包括各级城堡以及关城等）、烽传与驿传系统以及其他相关遗存（包括民居、城址、砖窑等），共同构成了本书的物质主体。

1987年，长城作为重要的世界文化遗产入选《世界遗产名录》，所属遗产类型为防御工事。当时"文化线路""线性遗产"等概念并没作为一种文化遗产类型为联合国教科文组织认可，而直至今日，线性遗产、线状遗产、文化线路、遗产运河、系列遗产、大遗址等相关概念越来越为学界接受与讨论，长城军事防御体系的遗产属性究竟应归为何种类型，值得探讨。

线性文化遗产的相关概念由文化线路衍生并拓展而来。文化线路的概念最早出现于2003年3月联合国教科文组织世界遗产委员会修订的《实施〈保护世界文化与自然遗产公约〉的操作指南》中，2008年1月又将运河遗产、线路遗产等特殊遗产类型列入指南之中。由表0-1可以看出，线状遗产作为一个从基本形态出发的遗产类型，包含在线性遗产概念之中，线性遗产不仅强调视觉或空间上的线性特征，更注重各部分遗产之间的紧密联系与内在关系。文化线路及遗产运河均为线性遗产的特殊分支，前者为道路性遗产，后者为运河类遗产。系列遗产与线性遗产存在相似性，但不强调各部分遗产之间的线性关系。大遗址的概念较为广泛，甚至可包含以上所有遗产类型，但并不具有明确的针对性。

明长城军事防御体系作为一个复杂而庞大的遗产群体，包含了点、线、面等不同类型的遗产形式，各部分遗产分布广泛，在历史上相互关联，不可简单归为某一类文化遗产类型，长城防御体系文化遗产既有线状遗产，同时又存在一定的线性分布特点，也兼具系列遗产的部分属性，基于以上概念辨析，本书认为仅将

① 赵现海. 明代九边长城军镇史：中国边疆假说视野下的长城制度史研究[M]. 北京：社会科学文献出版社，2012.

大型文化遗产类型辨析　　　　　　　　　　　　　表0-1

遗产类型	类型定义	代表性遗产
线状遗产 （Lineal Heritages）	线状遗产是指遗址或遗迹本身呈现连续的线条形态的文化遗产①。强调不可移动文物需要满足视觉与空间上的线性分布特征	都江堰灌溉系统、红军长城路线
线性遗产 （Lineal or Serial Cultural Heritages）	线性遗产是指由人工营造的线状遗迹串联起来，或沿自然形成的线形边界排列起来的点状遗产，这些被串联或排列成为"链状"的文化遗产，历史上有着某种内在的联系，正是这种内在的关联使它们被联系在一起②。线性遗产是线状遗产与点状遗产的结合体	长城军事防御体系、京杭大运河
文化线路 （Heritage Routes）	文化线路是一种由陆路道路、水道或者混合类型的交通线路而发展的人类迁徙与交流的特定历史现象，其载体即为文化线路的遗产内容③。强调遗产本身的道路与交通属性，同时需要长时间的经济与文化交流与影响	丝绸之路
运河遗产 （Heritage Canal）	运河遗产属于线状遗产的一类，着重强调其作为人工兴建的水上交通线的线状遗迹④	大运河
系列遗产 （Serial Properties）	系列遗产是指包括两个或者更多的相关物质遗产，并在文化、社会以及功能等方面存在相关联性，具有共同的突出普遍价值，且可共同管理的文化遗产群⑤	"三山五园"清代北京皇家园林
大遗址 （Large-scale Archaeological Sites）	大遗址即"大型遗址"，是具有重要价值、规模大、占地广、由遗存及其相关环境构成的大型文化遗存⑥	良渚遗址

长城的遗产类型归为线性遗产似有不妥。学界也将长城称为超大型文化遗产⑦，长城作为世界上规模最大的人工建筑遗迹，其研究与维护工作都面临着前所未有的困难与挑战，只有厘清其遗产性质，才能在摸索中前行。

（二）研究范围界定

本书以明代的长城军事防御体系为研究主体，以当代的明长城文化遗产整体性保护为研究目的，研究的时间范围应当包括历史与现状两个时间阶段。研究需要在对明代长城防御体系的各防御系统、烽传系统以及驿传系统的建设发展、演变历史、衰败破坏全过程的综合认知的基础上，对现阶段的长城文化遗产开展整体性的保护管理工作。时间维度横跨明代直至当代，为明长城保护策略的制定提供准确的历史依据与有效的现状数据。

---

① 孙华. "线状遗产""线性遗产""文化线路"关系说[J]. 世界遗产，2015（3）：22.
② 同①.
③ 孙华. 论线性遗产的不同类型[J]. 遗产与保护研究，2016，1（1）：48-54.
④ 同③.
⑤ 章玉兰. 系列遗产概念定位及其申报路径分析[J]. 中国文化遗产，2017（3）：47-57.
⑥ 陈昀. 大遗址的概念与分类研究[J]. 中国文物科学研究，2015（4）：24-27.
⑦ 陈同滨，王琳峰，任洁. 长城的文化遗产价值研究[J]. 中国文化遗产，2018（3）：4-14.

研究的空间范围包含了明长城军事防御体系九边十一镇在内的各要素与系统关系的完整空间分布。国家文物局2012年发布的长城资源调查认定结果基本摸清了明长城物质遗存的具体分布范围与尺度规模，但由于对防御体系缺乏整体性认知，对军事聚落、驿传与烽传系统的遗迹调查仍存在大量遗漏，具体结果如下。

中国长城自春秋战国时期至明代均有不同规模的修筑，保存至今的各类长城资源遗存包含10051段长城墙体，1764段壕堑/界壕，29510座单体建筑，2211座关、堡，以及185处相关遗存，共计43721处长城遗迹遗存，墙壕遗存总长度21196.18千米，自东向西分布于中国北部15个省（自治区、直辖市）、404个县（市、区）[1]，各地区长城资源比例如图0-3所示。

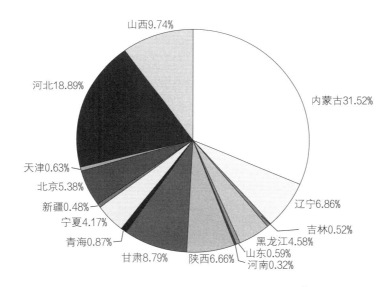

图0-3　各省（自治区、直辖市）长城资源比例示意图[2]

其中明长城资源保存较为完整，防御体系也相对完善，明长城由辽宁省至青海省，由东至西分布于10个省（自治区、直辖市），东部地区多为石砌或石砌包砖构筑，遗存相对较多，西部地区多为夯土或夯土构筑，损毁坍塌严重。现存墙壕5209段，单体建筑17449座，关、堡1272座，相关遗存142处，长度8851.8千米[3]。明长城墙体总长度占到中国长城总长度的41.7%，关堡数量与单体建筑分别占到总体数量的57.5%、59.1%，遗存数量巨大。同时明代长城部分墙体、关堡等

① 国家文物局. 中国长城保护报告（全文版）[R/OL].（2016-11-30）[2019-08-24]. http://www.ncha.gov.cn/art/2016/11/30/art_722_135294.html.
② 同①.
③ 同①.

相关建筑，以历代长城为基础修筑建设，加固修复，形成最为完整的明长城军事防御系统，便于研究与系统保护。

（三）研究材料

（1）明长城相关古籍

记录明长城九边防御体系相关信息的历史典籍众多，涉及明长城军事、政治、经济、民族、文化等多方面内容，主要分为正史典籍、诏令奏议、地理舆图与志书等类型。历史资料是明长城研究的重要依据与理论支撑，也是明长城文化遗产保护与修复的珍贵历史文献证据。

对于明长城有相关记载的正史典籍，包括《明史》[①]《明实录》[②]《明通鉴》[③]《大明会典》[④]等，分别从国家政体、军事制度、边防军务、经济贸易、人物传记等方面对明长城九边所涉及内容进行详细记述，提供了丰富而准确的历史信息，并记录了相关历史事件；诏令奏议是指明代大臣相关文书奏折，其中具有代表性的如《谭襄敏公奏议》[⑤]《戚少保奏议》[⑥]等，对于长城相关边防边务、长城修筑、练兵布阵等内容进行详细记载；地理舆图与志书是与明长城分布、历史形态研究最为相关的支撑材料，舆图集包括《读史方舆纪要》[⑦]《皇明九边考》[⑧]《九边图说》[⑨]等，志书包括《四镇三关志》[⑩]《卢龙塞略》[⑪]《永平府志》[⑫]等，从明代九边防御体系总体，或分区域对于九边各镇历史沿革、城池建置、边夷、经略、兵马、钱粮等内容进行记录，并配有九边各镇总体或详细区域的分布地图，绘制详细、准确，具有极高的参考价值。

（2）长城相关现代文献资料

1）长城资源调查报告

2007年开始，国家文物局与国家测绘局在全国范围内展开长城资源调查工作，历时4年的时间。调查显示长城共分布于15个省（自治区、直辖市），其调查结果陆续出版，成为本书的重要数据来源与依据。目前长城资源调查报告的出

① 张廷玉，等. 明史[M]. 北京：中华书局，1974.
② 明实录[M]. 上海：上海书店出版社，2018.
③ 夏燮. 明通鉴[M]. 北京：中华书局，2009.
④ 李东阳，等. 大明会典 [M]. 扬州：江苏广陵古籍刻印社，1989.
⑤ 谭纶，等. 谭襄敏公奏议（明万历二十八年）[DB/OL]. 剑桥：哈佛大学图书馆. [2019-06-11]. https://curiosity.lib.harvard.edu/chinese-rare-books/catalog/49-990083604260203941.
⑥ 戚继光. 戚少保奏议[M]. 张德信，校释. 北京：中华书局，2001.
⑦ 顾祖禹. 读史方舆纪要[M]. 北京：中华书局，1955.
⑧ 魏焕. 皇明九边考[M]. 中华文史丛书影印明嘉靖刻本. 台北：华文书局，1969.
⑨ 兵部. 九边图说[M]. 玄览堂丛书初辑. 台北：正中书局，1981.
⑩ 刘效祖. 四镇三关志[M]. 明万历四年刻本. 北京：北京出版社，1998.
⑪ 郭造卿. 卢龙塞略[M]. 明万历刻本//薄音湖，于默颖. 明代蒙古汉籍史料汇编：卢龙塞略；九边考；三云筹俎考. 第6辑. 呼和浩特：内蒙古大学出版社，2009.
⑫ 徐准. 永平府志[M]. 万历二十七年. 涂国柱，纂//董耀会. 秦皇岛历代志书校注：永平府志. 北京：中国审计出版社，2001.

版情况如表0-2所示。现共计有10个省（自治区、直辖市）出版了长城资源调查报告，记录全省或部分区域内的历代或明代长城遗存状况，详细记录各地区长城沿及周边临近区域内的长城相关所有遗迹遗存的现状信息，包含大量测绘数据、照片以及分布关系图，是现阶段对于长城现状记载最为精确、翔实的文献资料。

长城资源调查报告出版情况统计表 表0-2

序号	行政区划	报告名称	涉及年代	出版日期	出版社
1	全国	《长城资源调查工作文集》①	历代	2013	文物出版社
		《中国明长城资源调查报告》（总报告）	明	待出版	
2	北京市	《北京市长城资源调查报告》		待出版	
3	天津市	《天津市明长城资源调查报告》（上、下册）②	明	2012	文物出版社
4	河北省	《河北省明长城资源调查报告（涞源卷）》（上、下册）③	明	2010	文物出版社
5	山西省	《山西省明长城资源调查报告》		待出版	
6	内蒙古自治区	《内蒙古自治区长城资源调查（明长城卷）》（上、下册）④	明	2013	文物出版社
		《内蒙古自治区长城资源调查（北魏长城卷）》⑤	北魏	2014	文物出版社
		《内蒙古自治区长城资源调查（东南部战国秦汉长城卷）》⑥	秦/汉	2014	文物出版社
7	辽宁省	《辽宁省明长城资源调查报告》⑦	明	2011	文物出版社
		《辽宁省燕秦汉长城资源调查报告》⑧	燕/秦/汉	2017	文物出版社
8	吉林省	《吉林省长城资源调查报告》⑨	唐/金/汉	2015	文物出版社
9	黑龙江省	《黑龙江省长城资源调查报告》		待出版	

① 国家文物局. 长城资源调查工作文集[M]. 北京：文物出版社，2012.
② 天津市文物局，等. 天津市明长城资源调查报告[M]. 北京：文物出版社，2012.
③ 河北省文物局. 河北省明长城资源调查报告：涞源卷[M]. 北京：文物出版社，2010.
④ 内蒙古自治区文化厅，等. 内蒙古自治区长城资源调查报告：明长城卷[M]. 北京：文物出版社，2013.
⑤ 内蒙古自治区文化厅，等. 内蒙古自治区长城资源调查报告：北魏长城卷[M]. 北京：文物出版社，2013.
⑥ 内蒙古自治区文化厅，等. 内蒙古自治区长城资源调查报告：东南部战国秦汉长城卷[M]. 北京：文物出版社，2013.
⑦ 辽宁省文物局. 辽宁省明长城资源调查报告[M]. 北京：文物出版社，2011.
⑧ 辽宁省文物局. 辽宁省燕秦汉长城资源调查报告[M]. 北京：文物出版社，2017.
⑨ 吉林省文物局. 吉林省长城资源调查报告[M]. 北京：文物出版社，2015.

续表

序号	行政区划	报告名称	涉及年代	出版日期	出版社
10	山东省	《齐长城资源调查工作报告》①	齐	2017	文物出版社
11	河南省	《河南省长城资源调查报告》		待出版	
12	陕西省	《陕西省明长城资源调查报告》（1-4册）②	明	2015	文物出版社
		《陕西省明长城资源调查报告（营堡卷）》（上、下册）③	明	2011	文物出版社
13	甘肃省	《甘肃省长城资源调查报告》		待出版	
14	青海省	《青海省明长城资源调查报告》④	明	2012	文物出版社
15	宁夏回族自治区	《宁夏回族自治区长城资源调查报告》		待出版	
16	新疆维吾尔自治区	《新疆维吾尔自治区长城资源调查报告》（上、下册）⑤	历代	2014	文物出版社
17	湖北	《湖北省长城资源调查工作报告》⑥	历代	2013	文物出版社

2）与长城研究与考古测绘相关的其他现代文献

由国家文物局主编的《中国文物地图集》⑦，根据历次文物普查成果，对于各省、直辖市、自治区相关长城遗址遗存、古城聚落等进行相关记录，为长城研究与保护工作提供了系统而权威的考古地理信息。

由中国长城学会组织编写的《中国长城志》共计10卷，分别从长城文化遗产涉及的军事、建筑、经济、民族、人物、文学艺术等各分支，进行系统梳理与研究。天津大学六合建筑工作室长城研究课题组编写的《中国长城志：边镇·堡寨·关隘》⑧，以长城沿线各级行政区划为单位，对于不同历史时期的长城沿线的边镇、堡寨、关隘进行总体梳理与分类记述，也是长城军事防御体系研究的重要资料来源。

① 山东省文物考古研究所. 齐长城资源调查报告[M]. 北京：文物出版社，2017.
② 陕西省考古研究所. 陕西省明长城资源调查报告[M]. 北京：文物出版社，2015.
③ 陕西省考古研究所. 陕西省明长城资源调查报告：营堡卷[M]. 北京：文物出版社，2011.
④ 青海省文物管理局，等. 青海省明长城资源调查报告[M]. 北京：文物出版社，2012.
⑤ 新疆维吾尔自治区文物局. 新疆维吾尔自治区长城资源调查报告[M]. 北京：文物出版社，2014.
⑥ 湖北省文化厅古建筑保护中心，等. 湖北省长城资源调查工作报告[M]. 北京：文物出版社，2013.
⑦ 各省（自治区、直辖市）国家文物局. 中国文物地图集[M]. 北京：测绘出版社.
⑧ 张玉坤. 中国长城志：边镇·堡寨·关隘[M]. 南京：江苏凤凰科学技术出版社，2016.

对于河北地区长城研究考察工作来说，由河北文物研究所编著的《明蓟镇长城1981—1987年考古报告》[①]具有极高的参考价值，几乎完整记述了蓟镇长城沿线的全部遗迹遗存，并配有当时的照片或图纸记录，历经30余年时间，部分遗址已经不复存在，书中的记载更显珍贵。本书资料部分弥补了河北省尚未出版全境范围内的长城资源调查报告的不足。

2017年出版的《爱我中华　护我长城：长城保护（2006—2016）》[②]一书，由中国文化遗产研究院长城保护研究室主编，记录自2006年《长城保护条例》实施以及长城资源调查认定以来的长城保护工作情况，发布大量官方数据，对于本书的深入探索具有重要参考价值。

此外，调研过程中所收集的各地区出版或未出版的相关地方志、市志、县志以及军事志、地名志等志书，其中记载的相关遗迹遗存信息是获得长城研究一手资料的重要补充。相关地区统计年鉴，以及政府官方档案资料，也可协助研究与保护工作获取相关生态环境、社会经济环境、人文环境等数据。

（3）测绘数据与影像资料

自2001年以来天津大学六合建筑工作室长城研究课题组对于长城沿线部分地区进行了大规模的田野调查和实地测绘，并采集了大量点云数据和航拍影像资料，为课题研究提供了大量空间GPS信息数据与三维数据信息。研究对于长城分布进行空间分布分析，所需航空影像资料包括数字正射影像（DOM）数据和数字高程模型（DEM）数据，含有国家基础地理信息的矢量的数字线划（DLG）数据（包括行政区划、河流、道路、县级以上政府驻地等信息）等[③]。

（四）研究问题

（1）系统建立明长城防御体系基础信息数据库

明长城防御体系基础信息数据库的建立，从空间人文的视角，以时空GIS为技术支持，为明长城文化遗产的认知与研究提供全面准确的数据基础以及高效的技术支持。数据库包含长城各实体要素的时空分布、历史演变、自然与人文环境以及无形文化遗产等相关内容，其目的是用于数据库管理、时空分析、价值评估、保护监测和展示利用技术研究等方面。根据数据库在未来的长城文化遗产保护工作中的作用，实现面向不同使用人群的云GIS数据应用与发展。

（2）建立明长城文化遗产价值评估体系

明长城文化遗产价值评估体系的构建，从定性的角度，对明长城进行整体性的价值认定，包括历史价值、艺术价值、科学价值、社会价值以及文化价值等方

---

① 河北省文物研究所. 明蓟镇长城1981—1987年考古报告 [M]. 北京：文物出版社，2017.
② 中国文化遗产研究院. 爱我中华　护我长城：长城保护（2006—2016）[M]. 北京：文物出版社，2017.
③ 数据来源于中国遥感与地球数字研究所的数据共享资源。

面；从定量的角度，构建价值评估指标体系，对于明长城的遗产价值与环境价值进行等级评定；同时，尝试以货币为衡量方式，以条件评估法为基础，简析明长城经济价值评估办法。希望通过对于明长城价值的综合性评定，为明长城军事防御体系的整体性保护工作的开展提供依据与支撑。

（3）划定明长城防御体系分区域、分层级的保护范围

明长城防御体系保护范围的划定，需要遵循：整体保护、管理区段的划分、防御体系的层次体系的保护、长城本体及军事聚落的保护，即整体—区域（分区）—层次体系—防御工事单体，从整体到单体的保护框架。依据各边镇长城防御体系的层次关系，将长城与相关军事防御聚落及其空间关系划分成区段进行保护。保护范围的界定要考虑长城本体、各层次军事聚落、烽传系统、驿传系统、各构成要素依托的自然地形地貌、相关文化遗存等所有文化遗产的相互关系，利用GIS技术综合分析各影响因素，对各层次军事聚落进行划界研究。长城防御体系区段划分与各层次体系的范围界定是长城整体保护范围界定的重要组成部分和前提。

（4）探讨明长城相关遗迹保护与修复方法

明长城遗迹遗存保护修复策略的研究，可以科学有效地减缓明长城遗迹的破坏速度，对于具体地段长城防御工事的历史与现状进行区域分析、建筑测绘以及详细的残损评估分析，基于分析结果进行最终的保护修复策略的制定与修复方法的探讨。希望以此为今后的长城保护修复工作提供一定的理论支持与借鉴。

（5）确立明长城整体性保护策略中跨区域协同的管理模式

长城资源归属地的划分依据与管理办法制定，需要基于对长城文化遗产构成要素、外部环境和层次体系的充分认知。全面协调长城资源所属各保护单位，统一制定保护规划，制定符合真实性的分段管理与分级保护策略，为保证历史各镇、路划分的完整性，试行跨区域管理模式，长城资源归属地的划分应符合国家利益、尊重历史；另一方面探索涵盖信息采集—信息处理—价值评估—保护管理的系统的文化遗产保护机制，为其他大型文化遗产保护提供参考。

三、研究现状

明长城军事防御体系的整体性研究与保护涉及的研究领域众多，包含历史、考古、建筑、军事、社会、民族、经济、文化、文物保护等多方面研究内容，既涉及长城军事防御体系历史问题，又需要对中国长城保护历程进行深入了解，同时需要学习国内外文化遗产的价值评估方法，以及文化遗产保护相关理论与措施等。下文分别从以上几方面对明长城研究与保护的研究内容与发展趋势进行详述。

（一）长城军事防御体系基础性研究

自古以来与历代长城相关的史料记载众多，以明代长城的相关记述为甚，包括长城相关史籍、典章、会要以及方志等，对明长城整体或分镇进行文字记载或者舆图记录，可作为整体性研究的重要参考与历史依据。其中重要史料包括《明史》《明实录》《读史方舆纪要》《四镇三关志》等。

（1）长城学研究的起步与发展

自中国开始进行长城学研究以来，学界对于长城的研究主要集中在历史地理、文物考古、建筑规划、遗产保护等不同领域，多从实地考察、遥感探测、史料搜集以及社会学研究等方面进行深入探讨。早在20世纪30年代，就有学者对于历代长城历史及其分布进行整理与研究，代表性著作包括王国良的《中国长城沿革考》①（1933）、张维华的《中国长城建置考（上篇）》②（1979，成文于新中国成立前）。书中对历代长城历史沿革、军事制度、分布范围进行详细记述，由于研究条件限制，部分成果未经勘验，存在一定局限性，但书中大量不同历史时期的长城分布图仍为今天所用，具有极高的学术价值。

20世纪80年代起，长城研究进入快速发展阶段，成果颇丰。首先是集中于对长城墙体的调查与研究，《中国长城遗迹调查报告集》③（1981）基于第二次文物普查成果编制，对长城遗迹保存状况进行了有效记录，成为长城本体研究的重要基础；罗哲文基于其长期对于长城的考察与修复研究，著有《长城》④（1988）、《世界奇迹：万里长城》⑤（1992），使得长城初步研究与认知成果为社会所接受；1988年，董耀会、吴德玉、张元华三人以华夏子为笔名出版《明长城考实》⑥，通过实地调研详细记录山海关至嘉峪关沿线长城遗址的保存状况，为学界明长城研究提供了大量一手资料，至今具有极高的参考价值；同时，董耀会的《瓦合集》⑦（2004），景爱的《中国长城史》⑧（2006）、《长城》⑨（2008）等也是早期长城基础性研究的重要内容。

中国长城学会自1987年成立以来，分别组织编写并出版了与长城调查、研究与保护相关的《长城百科全书》⑩（1994）、《长城国际学术研讨会论文集》⑪

① 王国良. 中国长城沿革考[M]. 上海：商务印书馆，1931.
② 张维华. 中国长城建置考[M]. 北京：中华书局，1979.
③ 文物编辑委员会. 中国长城遗迹调查报告集[M]. 北京：文物出版社，1981.
④ 罗哲文. 长城[M]. 北京：旅游出版社，1988.
⑤ 罗哲文，刘文渊. 世界奇迹：万里长城[M]. 北京：文物出版社，1992.
⑥ 华夏子. 明长城考实[M]. 北京：档案出版社，1988.
⑦ 董耀会. 瓦合集[M]. 北京：科学出版社，2004.
⑧ 景爱. 中国长城史[M]. 上海：上海人民出版社，2006.
⑨ 景爱. 长城[M]. 北京：学苑出版社，2008.
⑩ 中国长城学会. 长城百科全书[M]. 长春：吉林人民出版社，1994.
⑪ 中国长城学会. 长城国际学术研讨会论文集[M]. 吉林：吉林人民出版社，1995.

（1995）、《中国长城年鉴》①（2006），以及《中国长城志》②（2016）等著作，联合长城各研究领域专家，系统梳理长城研究的最新进展，为长城研究与保护工作提供较为权威的信息与资料支撑。

（2）明长城军事防御系统的研究

基于学界对于长城了解的不断加深，对于明长城军事防御体系的研究逐步推进。由原本单一的长城墙体的概念，逐渐转变成防御体系的整体性概念，研究内容涉及历史、社会以及经济等多方面。

历史学领域对于长城军事防御体系的概念认知不断完善，推动着长城防御体系的考察与研究工作的全面发展。金应熙先后于1985年③与1986年④发表的文章中提出长城作为"文化汇聚线"与"防御网的体系"的概念，对于长城防御体系的认知具有开拓性的意义。刘谦的《明辽东镇长城及防御考》⑤（1989）是对于明长城完整的军事防御体系的首次论述与实证考察，并附有大量辽东镇地区长城防御体系的实地照片，是对明长城军事防御体系概念的全新认知，具有重要理论与资料价值。1994年彭曦对于长城概念进行界定⑥，指出长城是由"城（墙）、烽（燧）、障（塞）"组成，作为有机整体，缺一不可，对于长城的整体性与系统性有了进一步的认识。艾冲的《明代陕西四镇长城》⑦（1990）、韩光辉等的《北京地区明长城沿线聚落的形成与发展》⑧（1994），分区域对于长城军事体系的兴衰与变迁进行研究与分析。同时，部分研究集中于长城相关军事制度与军事史等内容，代表性研究包括如南炳文的《明初军制初探》⑨⑩（1983）、肖立军的《明代中后期九边兵制研究》⑪（2001）、赵现海的《明代九边长城军镇史——中国边疆假说视野下的长城制度史研究》⑫（2012）等，为明长城军事防御体系的变迁研究提供重要参考。

社会与经济学领域，对于明代军屯、军牧与马市贸易的研究也较为多见，王

---

① 中国长城学会. 中国长城年鉴[M]. 北京：长城出版社，2006.
② 陈海燕，董耀会. 中国长城志[M]. 南京：江苏凤凰科学技术出版社，2016.
③ 金应熙. 作为军事防御线和文化会聚线的中国古代长城[A]. 金应熙史学论文集 [M]. 广州：广东人民出版社，2006：197.
④ 金应熙. 古代史上长城的军事价值[M]//金应熙史学论文集. 广州：广东人民出版社，2006：216.
⑤ 刘谦. 明辽东镇长城及防御考[M]. 北京：文物出版社，1989.
⑥ 彭曦. 十年来考察与研究长城的主要发现与思考[A]//中国长城学会. 长城国际学术研讨会论文集. 中国长城学会，1994：6.
⑦ 艾冲. 明代陕西四镇长城[M]. 西安：陕西师范大学出版社，1990.
⑧ 韩光辉，李新峰. 北京地区明长城沿线聚落的形成与发展[A]//中国长城学会. 长城国际学术研讨会论文集. 中国长城学会，1994：10.
⑨ 南炳文. 明初军制初探[J]. 南开史学，1983，（1）：138-158.
⑩ 南炳文. 明初军制初探（续）[J]. 南开史学，1983，（2）：88-117.
⑪ 肖立军. 明代中后期九边兵制研究[J]. 长春：吉林人民出版社，2001.
⑫ 赵现海. 明代九边长城军镇史：中国边疆假说视野下的长城制度史研究[M]. 北京：社会科学文献出版社，2012.

毓铨的《明代的军屯》①（1965）、李三谋等的《明代九边军屯与军牧》②（2008）、余同元的《明后期长城沿线的民族贸易市场》③（1995），对于明代长城沿线边疆戍守地区军屯、军牧、集市贸易的兴起、发展与转变进行了详细的考察与研究。此外，明代驿传体系作为明长城系统的重要组成部分，也逐渐受到学界重视，其中以杨正泰的《明代驿站考》④（1994）最具代表性，书中长城沿线驿站分布图成为明长城驿递制度研究的珍贵资料。

（3）建筑规划领域的长城研究

建筑规划领域，对长城的研究从早期仅对长城墙体的关注，逐步转变至从空间布局与城镇规划出发的长城军事防御聚落乃至长城防御体系的整体性关注。天津大学张玉坤课题组对明长城军事防御体系的层次体系和时空分布规律进行了较为全面系统的研究，发表多篇论文分区域、分层级地分析了各镇军事体系、防御层级、空间演化等内容。其中，《明长城"九边"重镇军事防御性聚落研究》（2007）⑤、《明长城军事防御体系规划布局机制研究》⑥（2015）对于明长城防御体系的建制、分布、层次体系等进行了全面的梳理和研究；《明长城蓟镇军事防御性聚落研究》⑦（2012）、《明长城宣府镇军事聚落体系研究》⑧（2013）、《明长城宣大山西三镇军事防御聚落体系宏观系统关系研究》⑨（2015）、《河北传统堡寨聚落演进机制研究》⑩（2007）等论文分地区对于明长城防御聚落的系统关系、布局特征、演进机制等进行了研究。这些关于长城军事聚落的研究为本课题提供了坚实的研究基础。

东南大学周小棣课题组撰写的《边隅要冲 京师藩屏：明长城大同镇段的地理与建造信息》⑪《峰环万叠 险胜重围：明长城蓟州镇段的历史建造及保护》⑫《负山阻海 地险而要：明长城防御体系之辽东镇卫所城市》⑬等系列丛书从长城的地理分布、建造方式、防御布局等多方面、多角度进行分析，为长城保护的整体性研究方案的制定提供了重要参考。此外，北京工业大学、北京建筑大学、西

① 王毓铨. 明代的军屯[M]. 北京：中华书局，2009.
② 李三谋，刘彦威. 明代九边军屯与军牧[J]. 古今农业，2008（2）：56-66.
③ 余同元. 明后期长城沿线的民族贸易市场[J]. 历史研究，1995（5）：55-70.
④ 杨正泰. 明代驿站考[M]. 上海：上海古籍出版社，1994.
⑤ 李严. 明长城"九边"重镇军事防御性聚落研究[D]. 天津：天津大学，2007.
⑥ 范熙晅. 明长城军事防御体系规划布局机制研究[D]. 天津：天津大学，2015.
⑦ 王琳峰. 明长城蓟镇军事防御性聚落研究[D]. 天津：天津大学，2012.
⑧ 杨申茂. 明长城宣府镇军事聚落体系研究[D]. 天津：天津大学，2013.
⑨ 曹迎春. 明长城宣大山西三镇军事防御聚落体系宏观系统关系研究[D]. 天津：天津大学，2015.
⑩ 谭立峰. 河北传统堡寨聚落演进机制研究[D]. 天津：天津大学，2007.
⑪ 周小棣，常军富，汪涛，等. 边隅要冲 京师藩屏：明长城大同镇段的地理与建造信息[M]. 南京：东南大学出版社，2013.
⑫ 沈旸，马骏华，章冬，等. 峰环万叠 险胜重围：明长城蓟州镇段的历史建造与保护[M]. 南京：东南大学出版社，2013.
⑬ 周小棣，李向东，黄欢，等. 负山阻海 地险而要：明长城防御体系之辽东镇卫所城市[M]. 南京：东南大学出版社，2013.

安建筑科技大学等对于北京地区、西北地区长城沿线军事聚落及长城防御体系的研究与保护工作，也逐渐全面展开，在长城防御体系分布、建造、建筑形态等方面取得一定进展。

（二）长城保护历程研究

历史上，中国长城始建于春秋战国时期，历经秦、汉、晋、南北朝、隋、唐、五代、宋、西夏、辽、金直至明代等不同朝代的修筑，长城逐渐成为标志性的历史遗存。将中国长城作为文化遗产进行保护，基本始于新中国成立之后，国务院先后公布的7批全国重点文物保护单位中，与长城文化遗产相关的古建筑、古遗迹共计30余处，其中有9个省（自治区、直辖市）境内长城整体列入国家文物保护单位。中国长城文化遗产保护工作发展，主要分为四个历史阶段，如表0-3所示。

中国长城文化遗产保护发展大事年表　　　　　　　　　表0-3

	时间	事件	相关内容
第一阶段	1952—1958年	对八达岭、山海关等数十处地区长城墙体及关城进行维修，并进行实地调研与测绘工作	遵循"修旧如旧"原则进行修复
	1961年3月4日	八达岭、山海关、嘉峪关、居庸关云台列入第一批国家重点文物保护单位	
第二阶段	1978年5月	国家文物局下发《关于加强对长城保护的通知》	
	1979—1984年	结合第二次全国文物普查，各地对重要区域的春秋战国长城、秦汉长城、明长城和金界壕等遗址进行调查	
	1981年2月	出版《中国遗迹调查报告》	对历代长城遗迹有基本认识
	1984年7月	"爱我中华 修我长城"募捐活动发起，保护长城成为国家行动	近3个月内募集捐款超过200万元，用于长城修复
	1986—1989年	九门口长城考古发掘与保护修缮	原状保护原则
	1987—1989年	司马台长城保护修缮	原状保护原则
	1987年6月25日	中国长城学会成立	以"让雄伟的长城走向世界，把古老的长城留给子孙"为发展目标
	1987年12月	长城入选《世界遗产名录》	
	1988年1月13日	金山岭长城、兴城城墙、玉门关及长城烽燧遗址、居延遗址列入第三批国家重点文物保护单位	
	1990年	虎山长城考古发掘与复建	复原建设
	1996年11月20日	魏长城遗址、固阳秦长城遗址、紫荆关、九门口列入第四批国家重点文物保护单位	

	时间	事件	相关内容
第二阶段	2001年6月25日	北京市、内蒙古自治区、辽宁省、河南省、甘肃省境内战国至明代长城，金界壕遗址，克孜尔尕哈烽燧，孔雀河烽燧群，米兰遗址，齐长城遗址，秦长城遗址，纳林塔秦国长城遗址，宁夏秦长城遗址，燕长城遗址，司马台，乌龙沟，雁门关，清水河县长城，镇北台列入第五批国家重点文物保护单位	
第三阶段	2003年4月	国家七部局联合发布《关于进一步加强长城保护管理工作的通知》	杜绝"保护性""建设性"破坏
	2003年8月1日	《北京市长城保护管理办法》施行	
	2005年	《"长城保护工程（2005—2014年）"总体工作方案》公布	长城本体维修加固、周边环境治理、遗产展示
	2006年5月25日	万全右卫城、中前所城、榆林卫城、麻扎塔格戍堡址、牡丹江边墙、金界壕遗址（增加河北省丰宁县）、宣化古城列入第六批国家重点文物保护单位	
	2006年10月	国务院颁布《长城保护条例》	第一个为单项文化遗产制定的专项法规
	2007—2010年	国家文物局开展长城资源专项调查	共覆盖北京、天津、河北等15个省（自治区、直辖市）
	2012年	国家文物局公布《长城认定手册》	
	2013年5月3日	板厂峪窑址群遗址、赤柏松古城址、大营城址、兴武营城址、昌吉州境内烽燧群、古代吐鲁番盆地军事防御遗址、哈密境内烽燧遗址、张家口堡、洗马林城墙列入第七批国家重点文物保护单位	
第四阶段	2014年2月	国家文物局颁布《长城"四有"工作指导意见》与《长城保护维修工作指导意见》	
	2016年11月	国家文物局公布《中国长城保护报告》	第一次以国务院文物行政部门的名义，发布专项文物资源的保护管理状况
	2016年12月	"长城资源保护管理信息系统"正式使用	
	2016年12月15日	万里长城 薪火相传——《长城保护条例》颁布10周年纪念展暨学术研讨会	长城保护成果及保护规划编制情况讨论
	2017年2月1日	《河北省长城保护办法》	
	2018年6月6日	长城保护联盟成立	联盟成员包括各长城旅游景区、保护管理机构、专业科研院所等

（1）第一阶段（20世纪50—60年代）：长城初期保护

自1952年起，八达岭、居庸关、山海关等处长城首次维修开放；其后又相继维修开放了嘉峪关、金山岭、慕田峪等数十处地段的长城、关口和卫、所、墩台、烽火台。以"修旧如旧"理念为主导的修复工作对长城进行了复原修复与原状保护。1961年3月，第一批国家重点文物保护单位发布，包括山海关、嘉峪关、八达岭等重要长城遗迹。长城相关遗迹也被各级政府作为文物保护单位与不可移动文物进行保护与管理，但保护力度有限。

（2）第二阶段（20世纪70年代至21世纪初）：长城重点区域保护

1978年5月，国家文物局下发了《关于加强对长城保护的通知》，次年开始，在第二次全国文物普查过程中，各地对重要区域的长城遗址进行调查，纠正破坏长城文物的做法，并于1981年出版《中国遗迹调查报告》，掌握中国境内历代长城遗迹的基本状况。1984年7月5日，由《北京晚报》等多家媒体发起的"爱我中华 修我长城"长城保护基金募集活动，在不到3个月内募集捐款超过200万元，用于长城大规模保护与修复工作。1987年6月，中国长城学会成立，以"让雄伟的长城走向世界，把古老的长城留给子孙"为发展目标，促进长城研究与保护工作。1987年12月，中国长城文化遗产列入《世界遗产名录》，备受瞩目。该时期，对长城重点区域如司马台长城、九门口长城进行考古挖掘及修复工作，基本遵照"原状保护"原则进行修缮工作，对虎山长城进行了考古挖掘基础上的复建工作[1]。该阶段共计20余段长城遗迹被列入第三、四、五批国家重点文物保护单位。

（3）第三阶段（2003—2013年）：长城大规模保护

2003年4月，由国家七部局联合发布的《关于进一步加强长城保护管理工作的通知》[2]指出长城保护刻不容缓。《北京市长城保护管理办法》[3]于2003年8月1日起施行。国家文物局于2005年制定并公布了《"长城保护工程（2005—2014年）"总体工作方案》[4]，并于2006年正式启动了长城保护工程，陆续开展长城资源调查、长城资源信息数据库建立、长城资源信息系统开发、数字长城的建立等工作。2006年10月，国务院颁布的《长城保护条例》[5]作为长城文化遗产保护的专项法规，界定长城包含的基本内容，明确"原状保护"原则、"整体保护、分段管理办法"等。2007年开始，依据《长城资源调查工作手册》[6]的指导要求，调查工作全面展开，共覆盖北京、天津、河北等15个省（自治区、直辖市），历

---

① 李宏松，于冰，李大伟，等. 长城保护工程勘察设计工作回顾性分析[J]. 中国文物科学研究，2013（4）：46-53.
② 国家七部局. 关于进一步加强长城保护管理工作的通知[Z]. 2003.
③ 北京市人民政府. 北京市长城保护管理办法[Z]. 2003-05-22.
④ 国家文物局. 长城保护工程（2005—2014）总体工作方案[Z]. 2005.
⑤ 中华人民共和国国务院. 长城保护条例[Z]. 2006-10-11.
⑥ 国家文物局，国家测绘局. 长城资源调查工作手册[Z]. 2007.

时4年时间完成。2012年，最终公布长城资源调查结果，是现阶段长城保存状况的最新资料，为进一步研究和保护工作提供了最为全面和准确的信息资源。该阶段长城保护与修复工作逐渐系统化，基本遵照"原材料、原形制、原工艺、原做法"的基本原则，但仍具有一定的局限性。此阶段第六批国家重点文物保护单位公布，将北京市、内蒙古自治区、辽宁省、河南省、甘肃省境内战国至明代长城整体纳入重点文物保护单位，第六、七批文物保护单位名单共包含长城相关古迹遗址10余处。

（4）第四阶段（2014年至今）：长城信息化与精细化保护

《长城保护工程（2005—2014）总体工作方案》至2014年已经完成阶段性工作，一定程度上推动了长城保护工作的开展，但总体和分区保护规划的编制工作明显滞后。2014年颁布的《长城"四有"工作指导意见》与《长城保护维修工作指导意见》[①]，提出了长城保护相关管理部门与管理人员的工作任务与工作职能，制定了长城保护与维修标准。随着对长城价值认识的不断深入，各地也分别出台了长城保护政策。2016年11月国家文物局向社会发布了《中国长城保护报告》[②]，分别对长城资源调查与研究、法规与管理、维修与理念、文化与价值、长城保护共计五部分内容进行公布，已经逐渐形成"政府主导、社会参与"的长城保护新局面。2016年12月由中国文化遗产研究院建设的"长城资源保护管理信息系统"正式使用，预示着中国长城保护管理逐步面向信息化、精细化发展。2016年末举办的"万里长城　薪火相传——《长城保护条例》颁布10周年纪念展暨学术研讨会"充分展现了10年间的长城保护成果，并对正在进行中的各省长城保护规划编制情况进行进一步探讨。2017年2月河北省出台《河北省长城保护管理办法》[③]。2018年6月，长城保护联盟于北京成立，联盟成员包括各长城旅游景区、保护管理机构、专业科研院所等，旨在促进长城保护各相关单位的技术共享、资源互利、协同发展，共同实现长城资源的科学保护与利用。

（5）长城保护工作存在问题

目前长城的保护管理工作仍然面临众多问题，长城的保护水平亟待进一步加强。由于过去阶段对长城防御体系整体性认知的不足，其保护对象不够准确全面，保护工作仅从重点地区的重点段落着手，保护内容存在极大疏漏，修复方法存在许多错误。各地区长城保护规划工作仍在编制与落实的过程中，只有实施科学有序的长城防御体系整体性保护策略，方能应对目前长城破坏和衰落的严峻形势，使得长城文化遗产得以传承与延续。

---

① 国家文物局. 关于印发《长城"四有"工作指导意见》和《长城保护维修工作指导意见》的通知[EB/OL].（2014-02-10）[2019-08-24]. http://www.ncha.gov.cn/art/2014/2/25/art_2237_23461.html.

② 国家文物局. 中国长城保护报告（全文版）[R/OL].（2016-11-30）[2019-08-24]. http://www.ncha.gov.cn/art/2016/11/30/art_722_135294.html.

③ 河北省人民政府. 河北省长城保护管理办法[Z]. 2017-02-01.

（三）国内外文化遗产价值评估体系

价值评估概念伴随着19世纪末20世纪初的购并行为产生，随着全球的经济化发展，文化遗产的价值评估问题也得到越来越多的关注。在1999年修订的《巴拉宪章》[①]中，"文化重要性"即"文化遗产价值"被归纳为美学、历史、科学、社会、精神价值等，并指出不能强调一种价值而牺牲其他价值。2015年修订的《实施世界文化遗产公约操作指南》中指出，"突出的普遍价值指罕见的、超越了国家界限的、对全人类的现在和未来均具有普遍的重要意义的文化和/或自然价值"[②]。

美国盖蒂保护研究所（GCI）于1995年提出了文化遗产与经济学的关系问题，不同领域的相关学者共同展开对于文化遗产价值问题的研究，1998年组织了以"经济和遗产保护（Economics and Heritage Conservation）"[③]为主题的研讨会，确定了文化遗产经济学的研究方向。《价值和遗产保护》（*Values and Heritage Conservation*）[④]（2000）提出了以价值观念为基础的遗产保护模式。《评估文化遗产的价值》（*Assessing the Values of Cultural Heritage*）[⑤]（2002）将人类学与民族学方法引入文化遗产价值评估之中。随着对于价值评估方法研究的不断深入，旅游成本法、行为法、享乐定价法（HPM）、条件选择法（CVM）[⑥]以及选择模型法（CM）[⑦]等方法相继作为评估手段被引入文化遗产保护领域，成为文化遗产价值判断的有力工具。

国内已出现部分论著涉及文化遗产的价值判断，多面向环境价值、经济和土地利用价值、旅游开发价值等领域，同时也有学者逐步开始研究价值评估体系的构建，如刘卫红的《大遗址保护规划中价值定性评价体系的构建》[⑧]（2011）；顾江所著的《文化遗产经济学》[⑨]（2009）以经济学的视角对于文化遗产进行价值判

① 国际古迹遗址理事会（ICOMOS）澳大利亚国家委员会. 巴拉宪章[Z]. 1999.
② 联合国教育、科学及文化组织保护世界文化遗产和自然遗产政府间委员会. 实施世界遗产公约的操作指南[M]. 北京：文物出版社，2014.
③ MASON R. Economics and Heritage Conservation: A Meeting Organized by the Getty Conservation Institute[C/OL]. Los Angeles, CA: Getty Conservation Institute, 1999. [2019−08−24]. http://hdl.handle.net/10020/gci_pubs/economics_and_heritage.
④ ERICA A, MASON R, TORRE M D L. Values and Heritage Conservation: Research Report[C/OL]. Los Angeles, CA: Getty Conservation Institute, 2000. [2019−08−24]. http://hdl.handle.net/10020/gci_pubs/values_heritage_research_report.
⑤ LOW S M. Anthropological−Ethnographic Methods for the Assessment of Cultural Values in Heritage Conservation[C/OL]//TORRE M D L. Assessing the Values of Cultural Heritage: Research Report. Los Angeles, CA: Getty Conservation Institute, 2002:31−49. [2019−08−24]. http://hdl.handle.net/10020/gci_pubs/values_cultural_herita.
⑥ RUIJGROK E C M. The three economic values of cultural heritage: a case study in the Netherlands [J]. Journal of Cultural Heritage, 2006, 7(3)：206－213.
⑦ CHOI A, RITCHIE B W, PAPANDREA F, et al. Economic valuation of cultural heritage sites: a choice modeling approach [J]. Tourism Management，2010, 31(2): 213−220.
⑧ 刘卫红. 大遗址保护规划中价值定性评价体系的构建[J]. 西北大学学报（自然科学版），2011，41（5）：907−912.
⑨ 顾江. 文化遗产经济学[M]. 南京：南京大学出版社，2009：23−34.

断；同济大学应臻的博士学位论文《城市历史文化遗产的经济学分析》[①]（2008）也提出将经济学的思考方法和成熟理论应用在城市历史遗产保护中；复旦大学黄明玉的博士论文《文化遗产的价值评估及记录建档》[②]（2009）在遗产保护规划框架下探索价值评估涉及的价值体系理论、评价制度与方法，以及相关的记录建档；西北大学苏琨的博士论文《文化遗产旅游资源价值评估研究》[③]（2014）从旅游学的角度构建了文化遗产旅游资源价值体系；天津大学徐苏斌团队发表多篇论文，对工业遗产的经济价值以及价值评估方法等进行梳理[④]。多篇学术论文均从不同角度，采用相应的评估手段，对文化遗产价值评估问题进行探讨。以上研究为从遗产价值、环境价值和经济价值等多学科视角解析长城遗产价值提供了借鉴。但是就目前的研究情况来看，学界还没有形成一个较为完善的文化遗产价值评估体系。

（四）国内外文化遗产保护理论研究

目前，在文化遗产保护及可持续利用方面，联合国教科文组织（UNESCO）、国际古迹遗址理事会（ICOMOS）等制定了多个保护相关文件，分别从历史文化遗产的原真性、多样性、真实性、保护范围和展示等方面进行阐释，对文化遗产的保护、修复、重建等问题都具有重要指导意义。

1961年，国家文物局发布了《文物保护管理暂行条例》[⑤]，重点文物保护单位管理制度建立；《中华人民共和国文物保护法》[⑥]于1982年通过，明确文物古迹的保护制度；1982年至2013年，文物保护法先后进行了4次修订，不断完善，以应对当前社会发展需要。2000年，在中国文物保护法规体系的框架下，在美国盖蒂保护研究所（Getty Conservation Institnte）和国际古迹遗址理事会澳大利亚国家委员会的帮助下，我国编写并通过了《中国文物古迹保护准则》[⑦]，该准则成为符合我国文物古迹评判与保护工作实际情况的重要规范与施行依据。

随着我国文化遗产保护制度的逐步完善，诸多学者也进行了相应的理论研究。阮仪三的《历史环境保护的理论与实践》[⑧]（2000）、单霁翔的《城市化发展与文化遗产保护》[⑨]（2006）等，提出城市化发展过程中，文化遗产与历史环境保护利用的相关理论与方法。文化遗产保护的利用和实践方面，朱光亚在《历史

① 应臻. 城市历史文化遗产的经济学分析[D]. 上海：同济大学，2008.
② 黄明玉. 文化遗产的价值评估及记录建档[D]. 上海：复旦大学，2009.
③ 苏琨. 文化遗产旅游资源价值评估研究[D]. 西安：西北大学，2014.
④ 徐苏斌，青木信夫. 关于工业遗产经济价值的思考[J]. 城市建筑，2017（22）：14-17.
⑤ 文物保护管理暂行条例[G]//国家文物局，编.中国文化遗产事业法规文件汇编1949—2009：上. 北京：文物出版社，2009.
⑥ 全国人民代表大会常务委员会. 中华人民共和国文物保护法（2017年修正本）[Z]. 2017.
⑦ 中国文物古迹保护准则[G]//张松，编. 城市文化遗产保护国际宪章与国内法规选编. 上海：同济大学出版社，2007.
⑧ 阮仪三. 历史环境保护的理论与实践[M]. 上海：同济大学出版社，1999.
⑨ 单霁翔. 城市化发展与文化遗产保护[M]. 天津：天津大学出版社，2006.

文化资源的开发与建筑环境创造》[①]（1998）中，对于历史文化资源类型进行归纳并提出其创作原则；常青在《建筑遗产的生存策略：保护与利用设计实验》[②]（2003）中，提出建筑文化遗产的保护利用策略与设计方法；北京市规划委员会在《北京历史文化名城北京皇城保护规划》[③]（2004）中，整理了对于北京重要历史街区的调研记录以及保护方案；孟宪民等编著的《大遗址保护理论与实践》[④]（2012）一书，分析目前大遗址保护面临的相关问题，并提出相应的解决方案。

近年来，各院校研究机构在建筑遗产保护理论与实践研究方面的论文众多，分别从文化遗产保护的历程、方法、策略与规划设计等方面进行详细的论述和探讨，为本书的研究奠定了有力基础。陈蔚的《我国建筑遗产保护理论和方法研究》[⑤]（2006），总结了中国建筑遗产保护的理论与发展历程，展开了建筑遗产保护修复理论与管理方法研究；张倩的《历史文化遗产资源周边建筑环境的保护与规划设计研究》[⑥]（2011），提出了历史文化遗产资源周边建筑环境的保护与规划设计模式体系；林佳的博士论文《中国建筑文化遗产保护的理念与实践》[⑦]（2013）构筑了中国文化遗产保护历史研究的框架。

国际上对于文化遗产的保护研究层出不穷。早在20世纪60年代，意大利修筑专家所著的《修复理论》（*Theory of Restoration*）[⑧]中提出的文化遗产保护与修复的相关理论已经完全融入意大利半个世纪的文物保护与修复的实践之中，延续至今。《建筑保护史》（*A History of Architectural Conservation*）[⑨]（1999）是介绍文化遗产保护发展历程的经典著作，对西方建筑保护发展过程中的重要事件和概念作了详细辨析，对于中国文化遗产保护有重要的借鉴作用；《时光永驻：美国遗产保护的历史和原理》（*Keeping Time: The History and Theory of Preservation in America*）[⑩]（1988）以美国为例辨析了遗产保护的意义、保护措施及其原理；《更丰富的遗产，二十一世纪的历史保护》（*A Richer Heritage, Historic Preservation in the Twenty-First Century*）[⑪]（2003），

① 朱光亚. 历史文化资源的开发与建筑环境创造[J]. 时代建筑，1998（3）：81-83.
② 常青. 建筑遗产的生存策略：保护与利用设计实验[M]. 上海：同济大学出版社，2003.
③ 北京市规划委员会. 北京历史文化名城北京皇城保护规划[M]. 北京：中国建筑工业出版社，2004.
④ 孟宪民，于冰，李宏松，等. 大遗址保护理论与实践[M]. 北京：科学出版社，2012.
⑤ 陈蔚. 我国建筑遗产保护理论和方法研究[D]. 重庆：重庆大学，2006.
⑥ 张倩. 历史文化遗产资源周边建筑环境的保护与规划设计研究[D]. 西安：西安建筑科技大学，2011.
⑦ 林佳. 中国建筑文化遗产保护的理念与实践[D]. 天津：天津大学，2013.
⑧ BRANDI C. Theory of Restoration[M]. Florence: Nardini Editore，2013.
⑨ JOKILEHTO J. A History of Architectural Conservation[M]. Oxford:Butterworth Heinemann，1999.
⑩ MUZTAGH W J. Keeping Time: The History and Theory of Preservation in America[M]. Hoboken: John Wiley & Sons, 1988.
⑪ STIPE R E. A Richer Heritage，Historic Preservation in the Twenty-First Century[M].Chapel Hill: University of North Carolina Press, 2003.

包含了众多遗产保护方面学者的论文，为当代遗产保护发展指明了方向；《历史保护中的人类学：关注文化的杂乱》（*Anthropology in Historic Preservation: Caring for Culture's Clutter*）[①]（1977）以人类学家和考古学家的视角对于文化遗产保护的立法和管理政策进行分析，从不同方面对于文化遗产的保护工作进行探讨。2003年以西班牙语出版的《当代保护理论》（*Contemporary Theory of Conservation*）[②]对近30年的西方保护理念与思想的转变进行汇总，有助于研究者对保护理论与实践的全面理解。以上研究为中国正在进行的遗产保护工作提供了大量的理论支撑和发展方向。

（五）现阶段研究的不足与有待完善之处

基于以上对于长城整体性研究与保护内容的综述可以看出，长城文化遗产的研究与保护工作，涉及的学科与领域众多，研究成果丰富。但由于长城遗迹的庞杂性与特殊性，部分长城研究者与管理者对长城军事防御体系仍旧缺乏整体性认知，长城保护工作仍然存在部分疏漏，大量遗迹还在快速消逝，其真正的历史价值与意义也未能得到完整体现。

（1）长城军事防御体系整体性研究尚需进一步深入

对于长城军事防御的基础性研究，目前研究成果多以某一区域为主，研究对象多为长城本体或是军事聚落，对于明长城整体性研究需进一步深入，而以整体性认知为前提的明长城军事防御体系保护策略更为缺失。对明长城的层次性、完整性认识的不足等问题，妨碍了对长城整体价值的认知，使大量防御体系的重要组成部分遭到严重破坏，甚至完全消失。在长城实地调查和后期数据整理过程中，普遍存在调查数据遗存与史料记载无法对应的问题，也为现阶段的长城研究和保护工作增加了难度。对于长城防御体系的基础性资料有待进一步补充，关隘、堡寨、驿站、烽火台、古道路等被遗漏者众多。利用现代空间信息技术获取全面、真实的信息，建立长城防御体系整体的数据库，从而用于综合分析，指导保护实践成为必需。

（2）完整的长城文化遗产价值评估体系尚未建立

学界对于文化遗产价值评估的研究也逐渐深入，涉及学科领域众多，评估方法各有侧重，但暂未形成完整的文化遗产价值评估体系与标准。长城等相关大型文化遗产的价值评价体系也并不完善，其评估内容、评价标准的制定还需建立在对文化遗产深入的认识和资料的全面掌握基础之上，再作客观、综合和科学的评价。长城文化遗产的价值评估与保护工作仍在摸索中前行。

① KING T F. Anthropology in Historic Preservation: Caring for Culture's Clutter [M]. London: Academic Press, Inc. Ltd., 1977.
② 比尼亚斯. 当代保护理论[M]. 张鹏，等，译. 上海：同济大学出版社，2012.

（3）长城文化遗产保护管理工作还缺乏一定的合理性

从长城保护的管理方面来看，随着国家及各地区对长城保护工作的重视程度不断加强，《长城保护条例》《长城保护总体规划》等得到进一步完善并落实，长城保护意识与理念也在不断提升。但保护工作目前仍然面临部分管理力度不足、修复措施不科学、开发利用不合理等相关问题，这成为长城军事防御体系的大规模破坏和衰败的重要原因。一直以来，长城的保护区域划分没有科学合理的界定方法，直接影响了长城的整体性保护进程。由于长城很多区域分布于省界、市界等行政区划边界，而现有长城保护管理也多依据行政区划进行，一些被认为具有经济效益的长城段，多次出现长城管理、开发权的争夺，甚至发生流血冲突，而相反，一些不具开发价值的区域则无人问津，任其衰败。正是由于对长城保护边界的界定不清晰，才导致了之前阶段保护工作的混乱。随着保护范围纠纷问题的日益凸显，长城保护分层级、分区域的界定方法亟须确定，同时需要加强统筹协调省际之间的长城保护工作，以确保长城的整体性保护策略的实施。

（4）长城保护与修复实践工作标准混乱

现阶段，长城的保护方式与保护策略虽不断提高与改进，但也远跟不上长城的衰落速度。同时，随着长城保护工作的不断展开，破坏性保护问题也日益凸显。目前阶段，对于长城的"重建""复建"保护仍然屡见不鲜，不尊重长城文化遗产的珍贵价值，将原有长城推倒重建，照搬其他区段的长城形式修建，完全不考证其历史真实性，成为彻头彻尾的"新长城"。近日，山海关被摘牌AAAAA级景区资质，虽然是处罚其旅游管理问题，但是作为最早开发的长城景区，错误修复、"假古董"、管理混乱等问题日益凸显，的确值得文物保护工作者深思。长城保护与修缮工作尚未出台科学合理的修复方法与准则。从建筑保护与文物修复角度出发，以结合相关学科为基础，基于尊重长城文化遗产真实性与完整性原则的长城保护步骤与策略亟待提出。

因此，本书试图以明长城军事防御体系为研究对象，通过文献资料分析，了解明长城军事防御体系整体性研究的基础性成果，在此基础上，根据明长城军事聚落和防御体系的层次体系关系、空间分布状况进行实地考察，获取长城本体、军事聚落、地形空间关系信息，通过后期处理技术将图像信息转化成全景动画、正投影照片、平面图，并将其数字化，建立明长城军事防御体系基础信息数据库；制定明长城防御体系价值评估框架，通过层次分析法、条件价值评估法等，进行明长城文化遗产价值定量和定性评估，对于明长城部分区域经济价值进行分析；基于GIS分析技术，制定分层级分区域界定保护范围划定办法，提出跨区域协同管理办法；探讨基于详细测绘与残存分析的明长城防御工事修复设计办法；基于明长城保护规划大纲的总体原则，以河北地区为例，对明长城保护大纲的编制进行重新讨论，最终形成完整的明长城防御体系整体保护策略。

第一章　明长城防御体系系统构成与数据库建设

第一节　明长城军事防御体系层次体系研究

明长城军事防御体系，是明代为抵御蒙古族、女真族等南下的军事入侵，而设立的大型军事防御体系，前后历经两百多年的修筑，成为明朝政府抵御北方游牧民族的重要防御措施。明长城，并非一般理解上的单纯防御墙体，而是"横向分段、纵向分层"的严密、庞大的防御体系，是在严密的军事防御与管理制度下建设的具有整体性与系统性的完整防御体系。

一、明长城军事防御制度

（一）明长城防御体系军事防御制度

明朝政府采取都司卫所制度作为各级军事防御体系的军务管理制度。"因防设卫"，根据明代边疆沿线的防御需求、地理环境、战略布局等设立不同层级的防御与管理单位；将长城九边各镇的防御、兵力与供给有效结合，军户三分守城，七分耕种，屯守并行，自给自足。依据各地区战略价值的不同，等级由高向低，设置卫城、千户所、百户所、总旗与小旗，各层级防御单位由其战略地位的不同，所辖军户由几千人至十几人不等，世代沿袭。不同军镇由于其防御需求的不同，布防人数也存在显著差异。明代都司卫所制度层级机构关系如图1-1所示。

九边镇守制度是明朝政府用以防御北部外敌入侵的军事作战体系。明代将北部边疆划分为不同的军镇区域进行管辖，形成严密的北部防线，设总兵作为军镇的最高统帅；各镇下辖不同路，设路城，由参将驻守，负责管辖本路段防御与各级城堡；各路下设城堡若干，由守备负责统领、驻防，进行军事部署；另设堡寨作为基层防御单位，由把总或操守负责该堡寨所管辖长城与墩台的瞭望与防御任务。除军事管理任务之外，另设兵备道（分巡道、粮储道）作为行政管理与后勤保障单位，属于各镇巡抚管辖，下辖各级城堡或州县，共同形成了完备的军镇层级与制度。明代九边总兵镇守制度层级关系如图1-2所示。

（二）明长城防御体系军屯制度

明朝初期，明太祖朱元璋在九边重镇大力推行军屯制度，于各级军堡中生产粮草、牧养战马，自给自足、提供军饷，以供边防官兵的防御作战与生活补给使用。将军事防御与军屯、军牧紧密结合，有效地提高了后勤补给效率，缓解了战

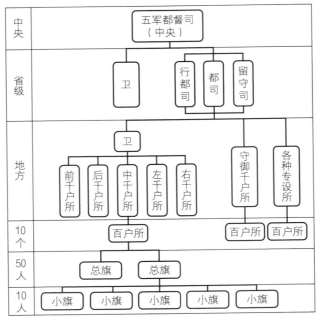

图1-1 明代都司卫所制度层级机构关系[①]

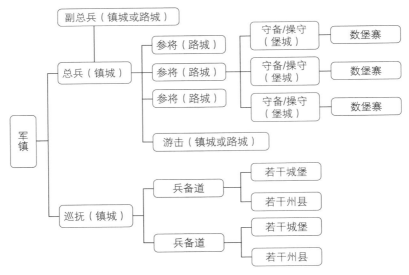

图1-2 明代九边总兵镇守制度层级关系[②]

事压力。明代各军镇都司卫所对军屯进行统一的管理与调配，还可根据各地土地开垦需求的不同，强征农民进行重新的军户编制与土地耕作任务。明制规定，每

---

① 作者改绘自：王力. 明长城大同镇军事防御聚落整体性[D]. 天津：天津大学，2004.
② 同①.

名军户所耕种田地单位为1分[①]，耕种土地面积为50～100亩[②]不等，根据其军镇所在位置有所差异，每分田需征收粮食18石[③]，其中6石须上缴军仓，其余供以军户使用[④]。

明代在大力推行军屯的同时，还部分与民屯、商屯相结合，共同满足边疆的战略补给需求。民屯是由政府将九边重镇沿线的农户移民进行重新编排，进行相关的农业种植与畜牧生产。商屯则是由商人对无土地的农民进行招募，对边疆土地进行开荒与耕种。民屯与商屯所得收获也部分作为军饷，为各军镇防御提供充足保障的同时，也对明代边疆的稳定与发展起到了重要作用。

军牧制度与军屯制度共同推行，各军镇的军户大多集军务、耕种与畜牧职责于一身。军马与战马的牧养，可有效改善军事装备、提高作战实力、提升信息传递效率，对于军事防御与驿传体系具有重要意义。同时，军牧还可与屯军相结合，供给肥料，有效解决边疆地区耕地贫瘠等问题。军屯、军牧与军防的共同配合与协作，加速了明长城九边重镇的军事防御建设与经济发展，在增强明代边疆防御能力的同时，减轻国家军需供给的巨大压力。明代后期由于管理体制混乱等问题，军屯与军牧制度有所衰落，但对于明代仍然具有重要的战略防御意义。

（三）明长城防御体系修建管理制度

明长城防御体系的修筑工程具有严格的管理制度。明朝政府派兵部、户部与工部三部门共同负责长城九边重镇的建设与管理任务。长城军事防御体系各工程的修建需求与内容由负责军事防御工作的各地方官员进行规划与选址，并上书论述工程修筑或修补必要性。工程获皇帝批准之后，由户部与兵部共同出资，视工程性质与规模的不同进行拨款，交由各镇地方总督、巡抚转拨至下辖边防区域的兵备道进行统筹、备料与组织修筑工作。长城九边各镇的军事设施建设多为临时性的军事生产，一般抽调所在地区官吏设临时机构进行监督与工程管理[⑤]，组织官兵进行修筑，并负责完工之后的验收与奖惩工作，修筑工程由各军镇戍守边疆的班军承担，同时也征召大量边疆民户参与修筑[⑥]。工部的营缮清吏司，下设都重城作为都城与重城修建的主管机构，负责重要的军事防御工程管理，另专设屯田清吏司，用以经管屯田等相关事务。明长城在多机构、多人员的相互配合之下，遵照严格的修建制度与修建方式，最终形成完整而严密的军事防御体系。

[①] 10分为1亩。
[②] 1亩约等于667平方米。
[③] 1石约29.95千克。
[④] 李三谋. 明代边防与边垦[J]. 中国边疆史地研究，1995（4）：20-26.
[⑤] 傅熹年. 中国古代建筑工程管理和建筑等级制度研究[M]. 北京：中国建筑工业出版社，2012：64.
[⑥] 彭勇. 明代班军制度研究：以京操班军为中心[M]. 北京：中央民族大学出版社，2004：292-319.

二、明长城军事防御体系层次体系布局

明代长城军事防御体系主要由长城本体及其附属建筑、军事防御聚落、烽传与驿传系统三部分共同构成。明代九边长城的修建至嘉靖时期较为完善，共分为十一镇进行管辖，各镇由东至西依次为辽东镇、蓟镇、昌镇、真保镇、宣府镇、大同镇、山西镇、延绥镇、宁夏镇、固原镇与甘肃镇。其后，虽然按照建制需要，另辟成立新的军镇，但由于时间较短，直至明代末期未能发展完善，故没有对明长城的总体防御布局形成重大影响，所以研究仍然基于九边十一镇的布局形式进行讨论。

明朝政府根据军事防御需求，于九边各镇长城防线周边建立都司卫所，置重兵防守，形成了多层次、多纵深的防御体系。各镇驻军城池相应地分为镇—路—卫—所—堡，军事级别与城池规模依次递减（图1-3）。驻守将领的级别高低直接决定了军事防御聚落的级别等级，级别越高，城池的规模越大，驻兵人数越多，防御设施更加严密。当然，随着战事的变化，城池的级别和位置也会发生变化，如堡城内驻参将后升为路城，卫城、所城驻总兵后升为镇城。明长城军事防御体系层级关系分布示意如图1-4所示，各级军堡层层联防，由镇城至堡城呈辐射状分布，逐步延伸至长城沿线。一定区域范围内设立的军事防御聚落的等级规模与空间密度也间接反映了该区域的军事战略地位，军堡数量越多，等级越高，军事地位越为险要。

明长城沿线烽传与驿传系统也是长城防御体系的重要组成部分，是联结长城墙体、沿线各军事聚落、重镇与京师的重要纽带。长城烽传系统，主要由不同形态的烽火台构成，通过烽火、狼烟、声音等载体传播军事信息。驿传系统，是中

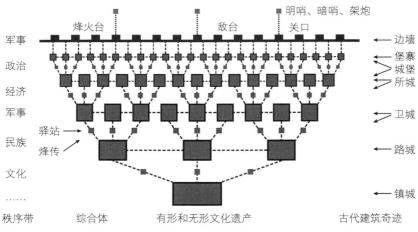

图1-3　明代长城军事防御体系概念图解
（图片来源：天津大学六合建筑工作室绘制）

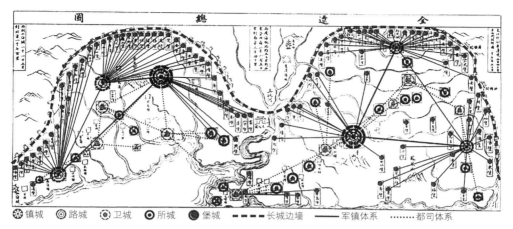

图1-4　明代长城军事防御体系层级关系分布示意图（辽东镇）[1]

国古代运输物资、传递信息的道路交通网路的统称[2]。明长城周边驿传系统隶属于明代驿邮机构，与递运所和急递铺组成明代官方邮驿系统[3]。明长城烽传系统主要用于前线与京师间军情信号的快速传递，驿传系统主要实现各个军镇至边堡间物资与政令的快速运输，烽传系统与驿传系统的共同作用，才能保证明长城防御体系及时有效的运转。

第二节　明长城文化遗产要素构成

长城作为举世闻名的重要文化遗产，是一个集军事防御和民族交融于一体的"秩序带"，一个反映我国历朝历代军事、政治、经济、民族、文化的多层次、立体化、系统性的"综合体"[4]。长城文化遗产的构成不仅仅包含长城军事防御体系物质层面的遗迹遗存，同时也包含了长城遗迹所依托的自然环境、社会环境、经济环境以及人文环境等。

一、明长城文化遗产要素认知与分类

对于明长城的研究与保护工作，要建立在对于明长城文化遗产的整体性价值认知的基础之上。对明长城文化遗产的全面理解，首先需要对文化与文化空间的概念进行分析。联合国教科文组织于1998年颁布的《人类口头和非物质遗产代表

---

① 范熙晅. 明长城军事防御体系规划布局机制研究[D]. 天津：天津大学，2015.
② 同①.
③ 曹迎春. 明长城宣大山西三镇军事防御聚落体系宏观系统关系研究[D]. 天津：天津大学，2015.
④ 李严，张玉坤，李哲. 明长城防御体系与军事聚落研究[J]. 建筑学报，2018（5）：69-75.

作申报书编写指南》指出，文化空间"可确定为民间和传统文化活动的集中地域，但也可确定为具有周期性或事件性的特定时间，是文化现象的传统表现场所"①。明长城完整的防御体系便是文化空间的存在形态，各防御聚落中包含活动的主体"人"、活动的场所（文化景观、聚落群体、建筑单体等）、活动的内容（生产生活、民间文化等）以及活动的媒介（工具器物）。联合国教科文组织将文化遗产分为有形文化遗产与无形文化遗产两大类。文化遗产"从有形遗产到无形遗产"，是一个系统，没有界限，不可分割。我们可以将长城文化分为文化实体（有形）和符号媒介（无形）两类，人通过对文化实体和符号媒介的认知，实现了文化理念的代代相传。有形遗产是记录文化传承基因和发展历程的共轭"物化载体"，是支撑文化传承的"文化实体"与"文化媒介"；而无形遗产是通过空间、媒介、技艺对文化理念的一种传递；"文化理念"即人的大脑对于文化环境的认知和产物，所有文化遗产的源头和归宿可以称为"文化理念"，"从有形到无形"是一个完整系统，无法界定与分割。从有形遗产到无形遗产，再到文化理念的传承与发展，才是对于文化遗产的完整性认知②。

长城文化遗产中，有形文化遗产包含了明长城本体建筑、军事聚落、公共建筑、其他遗迹遗存以及其中所蕴含的所有工具器物，无形文化遗产包含了伴随明长城防御体系应运而生的防御编制、经济贸易、民俗文化以及历史事件与人物等（图1-5）。只有有形文化遗产与无形文化遗产的共同存在，才构成了明长城文化价值的真实性与完整性。

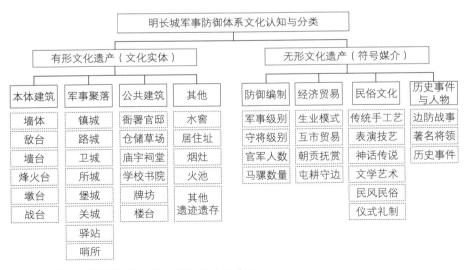

图1-5　明长城防御体系文化认知与分类示意图

① 邹启山. 联合国教科文组织人类口头和非物质遗产代表作申报指南[M]. 北京：文化艺术出版社，2005.
② 张玉坤，贾博雅，张早. 乡村遗产类型的文化学解读[J]. 城市环境设计，2022，（04）：293-298.

二、明长城相关有形文化遗产分类与构成

明长城本体（墙体）、军事防御聚落、烽传与驿传系统、相关遗存等几部分，共同构成了明长城有形文化遗产（物质实体）（图1-6）。每一个物质遗存均是明长城军事防御体系复杂而庞大的重要组成部分。下文分类对明长城有形文化遗产进行简述。

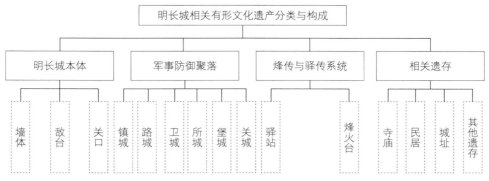

图1-6　明长城相关有形文化遗产分类与构成关系示意图

（一）明长城本体（墙体）

明长城本体，即通常理解的长城墙体部分，主要由长城边墙及其墙体之上或周边的敌台、墙台、关口等共同构成。城墙的建筑规制、结构类型、材料、做法随着时间的推移、地理位置的改变以及施工条件的不同都存在较大差异。

（1）长城边墙

明代长城边墙主要由大量的土、石、灰、木料、瓦件及砖等材料共同修砌而成，修建用料均采用就地取材的方法进行加工或烧制。明长城由于规模巨大，自东向西延绵八千余公里，受到地形、地质条件、气候环境的影响，长城建造材料存在明显差异。东部地区，明长城墙体修筑多为石砌或石砌包砖的砌筑方式，而西部地区由于材料采集较为困难，多为夯土砌筑长城墙体。部分地区，由于山势陡峭，仅对山体稍加劈削与修整即可形成天然屏障，陡不可攀。

明蓟镇地区长城由于地理位置的特殊性，墙体修建最为完备，其墙体修筑结构剖面示意如图1-7所示。墙体主要包含以下

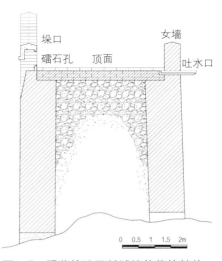

图1-7　明蓟镇地区长城墙体修筑结构剖面示意图

建筑要素：垛口，又称雉堞，是位于长城墙体御敌面顶部或相关防御工事顶部的齿形矮墙，由掩墙、垛口墙和垛口三部分构成，便于士兵隐藏自身，减少伤亡，同时用以观察敌情、使用武器[①]；女墙，又称女儿墙、宇墙、俾倪、埤倪、睥倪，多建于长城内侧墙顶，主要起护栏作用；顶面，多为方砖平整铺砌，用以士兵或马匹通行，陡峭斜坡之处，多为楼梯；券门，为发生战情时士兵登城参战之用，于城墙内侧每隔几十米建一拱形洞口，内有石阶快速通向墙体顶面；马道，是靠长城内侧墙体修建的斜向通往墙体顶面的坡道，可供守城兵、马通行；排水沟和吐水口，用以排泄存在顶面上的积水，每隔一段距离修筑1个；战墙，又称拦马墙，是建于长城线外侧的有利地形上的间断墙体，以砖石材料垒砌而成，墙面上设有射孔，用以防御，为增设的屏障；礌石孔，也称"悬眼"，是在长城墙体上开设的上深下浅的斜坡凹槽，用以投放礌石或者架设火铳，防御城墙下的外敌入侵[②]。

（2）敌台

敌台也称敌楼、敌棚，是位于古代城墙上端，用来加强防御能力的高台、城楼等建筑。其上部高于城墙墙体，侧面凸出于城墙墙体，主要功能是加强防御。由于城墙本身的宽度一般有限，增加了敌楼结构后，在同样的高度可以布置更多的士兵和守城器械。敌楼正面的凸出部分以及侧面的开窗，便于从两翼射击攻城人员，同时其高度有利于守望敌情。敌楼上的垛口墙、箭窗、射孔等为守城士兵作战提供掩蔽之用。

明代长城沿线的敌楼分为实心敌楼和空心敌楼两类。实心敌楼，又称敌台，高于长城墙体而建，实心敌楼下部填实，上部平台四周有垛口墙，但顶部无箭窗，仅有登台顶的踏道，大多位于城墙内侧，基本为方形，整个敌楼从基部向上有明显的收分，在墙顶四周存有垛口，垛上置瞭望孔[③]。空心敌楼，多为横跨长城墙体而建设的中空楼台，四面开窗，可用以通行、瞭望、屯兵、戍守以及用于武器、粮草的储存，更为高效地防御外敌入侵[④]（图1-8）。

明长城敌楼的建设材料，简易的敌楼为木制，永久性的则用砖石等材料，主要可分为三种：砖石结构的敌楼、砖木结构的敌楼、砖石与砖木结构相结合的敌楼。空心敌楼的内部结构主要有五种：拱券式、回廊式、钻天顶式、无梁殿式、十字交叉式等[⑤]。

（3）墙台

墙台的功能与敌楼相似，但建筑形式不同。墙台与城墙本身同高，大多为长

---

① 李建丽. 河北明长城建筑概说[J]. 文物春秋，2003（5）：39-43.
② 同①.
③ 孟昭永. 明长城敌台建筑形制分类 [J]. 文物春秋，1998（2）：29-35.
④ 同③.
⑤ 高兴旺，林全国. 从金山岭长城看长城敌楼的建筑形制[N]. 中国文物报，2012-06-15（006）.

图1-8　明长城空心敌楼剖轴测示意图[①]

方形，三面墙体凸出城墙，并在其上垒砌垛口。墙台建筑建造简单，在节省修建人力、物力的同时，能够为守兵阻击敌人提供更多的场地，增强了战斗的灵活性[②]。墙台与墙体建造材料相同，主要分为石砌与石砌包砖两种。

（4）墩台

墩台是独立于城墙之外的敌楼，建筑结构与齐墙空心敌楼基本相同[③]。

（5）战台

战台是在险要地方筑起的比敌楼更为高大的建筑物，是为了驻守较多的士兵，贮存较多的粮秣、武器，是城墙上的据点。战台上、下分为两层：底层是一座设有门窗的高台，第二层开有门洞、箭窗、射孔和瞭望孔，也是居住和存放武器、物资之处；顶层开敞，四周筑有垛口[④]。

（6）关隘

关隘，也称"关""隘口"或"关口"，是长城沿线极为重要的防御设施，凡是长城沿线上与交通线相交的咽喉要道，都设有关口，以达到"一夫当关，万人莫开"之效。关口多为长城边墙墙体之中开设的涵洞，用以御敌与通行。

① 北京市古代建筑研究所，密云县文化文物局. 司马台长城[M]. 北京：燕山出版社，1992.
② 晚学，王兴明. 浅谈明长城墙台的几种类型[J]. 文物春秋，1998（2）：26-28.
③ 孟昭永. 明长城敌台建筑形制分类 [J]. 文物春秋，1998（2）：29-35.
④ 孙荣先. 遵化长城[M]. 北京：华艺出版社，2009.

（二）军事防御聚落

明长城的军事防御聚落主要分为军堡与关城两类。军堡按照其防御等级分为镇城、路城、卫城、所城与堡城等。大型的关隘城址与军堡城址的建筑与空间构成基本相同，并无严格区分，根据军事形势需求可相互转化或发展。

明代军事防御聚落受到所防御地区地势、地形影响，平面建造形制可分为正方形、长方形、平行四边形与不规则形等。长城军事防御聚落的空间格局在井田制的基础上，将里坊制的布局概念与军事战备的特殊需求相结合，形成一字街道形式、十字街道形式以及棋盘式街道等不同形式的街巷布局。

明长城军事防御聚落外部御敌区域关城城门建筑局部构成示意图如图1-9所示，基本构成要素如下：城垣，明长城军事聚落的城垣形制与长城墙体相似，用以防御外敌，保护军事重地；马面，又可称作"台城"或"墩台"，凸出在城垣外侧的台状城垣，可便于守兵于城墙上瞭望与防御，同时可起到加固城垣墙体的作用，修建材料与城垣相同；角楼，位于军事聚落城垣的角部，台体凸出于墙体，形成半独立式的台体结构，角楼多与墙垣高度平齐，少数高于现在的墙体，部分台体上建有楼橹，用以眺望与防御；瓮城，又称"月城"，是指在主城门外另筑小城，将城门包围，平面形制为方形或圆形，根据地势有所差异，瓮城城垣规制多数与堡城城垣相同，开门方向与堡城相左，对堡城城门进行多重设防；罗城，是在御敌方向的瓮城外，再构筑的一道城墙，不仅能够掩护瓮城，同时能掩

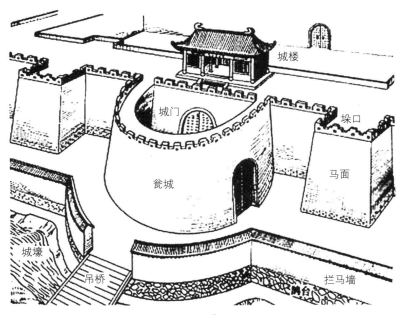

图1-9　关城城门建筑局部构成示意图[①]

① 改绘自：城池筑城体系[EB/OL].[2023-06-30]. https://www.baike.com/wikiid/5766243772477465177.

护内城城墙，罗城与内城，形成了一道重城，加固设防[①]；城壕，指护城河，部分军堡于城壕之内，堡墙之外的一道矮墙，即壕墙，在堡内军民防御外敌入侵时作为隐蔽和防护的屏障。

明长城军事防御聚落城内还有大量的相关建筑，包括公共建筑，例如中心楼，底部四面贯通，主要用以登高望远，指挥作战，另有大量公共建筑满足军事聚落内部军户的军事作战（衙署、驿站、校场）与日常生活（学校、戏台、粮仓）需求；宗教建筑，军堡内部在设佛教、道教与民间信仰建筑的同时，另供奉武圣或者忠烈将士，以期忠义与智勇，具有鲜明的军事防御聚落特点。

（三）烽传与驿传系统

（1）烽火台

烽火台，又称烟墩、烽燧、烽堠、亭、狼烟墩等，分布于长城防御墙体内外，以及各关口、卫所周边地势较高的区域，共同构成了严密的军事信号传递系统。明长城按烽火台的设置特点可分为四种类型：沿边烽火台，紧靠长城两侧；腹外接火台，向长城以外延伸，便于军情的传递；腹内接火台，向内地州府城深层联系，多设于关隘城堡之地；加道烽火台，距离城墙较远，有专门的道路与长城相通。明长城烽火台多为石砌，少数包砖。

（2）驿传体系

明长城驿传体系，由驿道、驿站、递运所、急递铺共同构成。驿站，位于交通干道处，内地60～80里（30~40千米）设一处，边地荒僻处可达百里，用以迎送使客、转运军需、传递军情；递运所，主要用于运送军饷钱粮、上供物品等；急递铺，用以局部范围内专门递送公文。三种驿递方式共同构成了明长城军事防御体系最为核心的信息传递系统[②]。

三、明长城相关无形文化遗产分类与构成

明长城相关无形文化遗产伴随着有形文化遗产共同存在。明长城防御体系无形文化遗产因为有形的物质遗存的保护才能得以延续，物质遗存因为无形文化遗产的存在也更具文化内涵。共同认知与保护有形与无形文化遗产，才能真正实现明长城遗产价值的整体性认知。明长城相关无形文化遗产主要分为军事防御编制、经济贸易、民俗文化以及历史事件与人物等（图1-10），均依附于长城遗产物质实体而保留或传承。

---

① 苗苗. 明蓟镇长城沿线关城聚落研究[D]. 天津：天津大学，2004.
② 曹迎春. 明长城宣大山西三镇军事防御聚落体系宏观系统关系研究[D]. 天津：天津大学，2015.

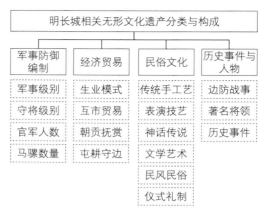

图1-10　明长城相关无形文化遗产分类与构成

（一）军事防御编制

明长城军事防御体系军事管理与运作机制于上文已经做具体介绍，在此不做赘述。明长城军事防御制度作为明长城建设与发展的军事思想起源与理论依据，具有重要的研究与保护价值。作为无形文化遗产的明长城军事防御编制研究，主要体现于明长城各级防御单位的军事级别、守将级别、官军人数、骡马数量以及武器装备等多方面内容，作为一种军事或文化理念得以存留与记忆。明长城军事管理编制与防御等级问题的系统梳理，可在遗产保护过程中将长城物质遗存与无形遗产进行秩序性与系统性的串联，实现明长城军事防御体系的整体性保护。

（二）经济贸易

明长城军屯与军牧制度作为明长城防御体系重要的物资补给以及防御储备支撑，具有重要的历史文化价值。同时，明长城沿线的互市贸易也是明代和平时期中原农耕民族同北方游牧民族商贸、文化交流的重要依据。朝贡、抚赏机制，也是明代维持长城军事防御体系的正常运营的重要经济政策措施。生业模式、互市贸易、朝贡、抚赏、屯耕守边等几方面措施是明长城经济贸易相关的文化理念，对明长城文化遗产经济文化带概念的提升具有重要价值。

（三）民俗文化

明长城防御体系包含有大量军事防御性聚落，其内伴有大量军户世代生活，随着人们的生存与活动，历经明代近300年的发展，各地区防御聚落内均产生大量与军事防御相关或不相关的文化活动。传统手工艺（西北、华北地区剪纸、雕刻艺术等）、表演技艺（西北地区道情戏等戏剧表演、打铁花烟火表演等）、神话传说（"孟姜女哭长城""定城砖"等传说）、文学艺术（王昌龄《从军行》、康有为《登万里长城》、席慕蓉《长城谣》）、民风民俗（"走西口"、姜女庙庙会等）、仪式礼制（军堡建筑礼制规格等）构成了明长城文化遗产的重要无形文化遗产，相关文化活动甚至伴随长城聚落遗址存留至今，得到了保护与传承。

（四）历史事件与人物

明长城军事防御体系作为文化遗产，由于其特殊的军事用途属性，故伴随边防军事战事而产生的大量军事将领、相关事迹以及重要历史事件等，也成为长城无形文化遗产的重要组成部分。明长城沿线各军事事件与相关人物、将领的产生，也直接推动了长城防御体系的建设与发展。如正统十四年（1449年），著名的土木堡之变迅速削弱了明朝的军事实力，之后不得不加强拱卫京师，加强了京畿地区长城与重镇的戍守与建设，对明长城防御体系的发展产生直接的推动作用。戚继光作为镇守明蓟镇长城的重要将领，对于明长城军事防御与工事建设功勋显著，在任期间大量加固蓟镇长城、发明空心敌台、排兵布阵、研制新型武器装备，在明代巩固自身、防御外敌方面产生重大影响。

第三节　明长城防御体系基础信息数据库建设

通过上文中对于明长城军事防御体系文化遗产层次体系与构成的分析，可以看出明长城作为复杂而庞大的线性文化遗产，具有繁杂的有形与无形遗产构成，同时由于明长城防御体系尺度巨大，相关遗产数量更是惊人，因此只有科学系统地将明长城文化遗产相关信息数据进行整理与收录，才能实现长城文化遗产的整体性与真实性保护。

一、明长城防御体系基础信息数据库建设背景

（一）明长城基础信息数据库建设意义

随着长城文化遗产的急速破坏与消失，长城科学系统的研究与保护工作尤为关键。国内外关于中国长城的研究和认识，长期停留在长城墙体、重要关隘等分类别的研究范畴，缺乏整体性、系统性和层次性的全面认知，直接影响到长城文化遗产的原真性和完整性保护。因此，以原真性与完整性为原则的明长城调查与基础信息数据库建设，可以真实还原长城本体、军事聚落以及相关遗迹遗存的整体性空间布局，科学界定长城防御体系的保护范围。

同时，在实地调查和资料收集过程中，长城各类型遗址遗存历史信息与现状信息无法对应的问题普遍存在，对于长城防御体系的基础性资料需要进一步补充，关隘、堡寨、驿站、烽火台、古道路等相关遗存资料亟待整理完善。因此，从空间人文角度将长城空间信息、历史信息与现状信息进行整合，可极大提高数据的利用效率，为系统性的长城研究提供科学依据。

此外，明长城防御体系的历史演变是各种时空因素共同作用的结果，主要涉及从明代至今的历史沿革、军事制度演变、地形地貌变化、社会人文变迁、遗址使用状况等多方面因素。只有在完整时空语义下，才能真实刻画长城的系统演化过程，最大限度还原历史真实性[①]。因此，基于时空语境，结合GIS、遥感技术与计算机分析技术，获取全面、真实的遗产信息，建构多层次、多维度的时空信息数据库，由此才可以获得全面、准确的明长城防御体系基础信息系统。

（二）空间人文与时空GIS的发展背景与应用

随着文化遗产保护工作的不断深入，地理信息技术（GIS）已在遗产保护领域应用广泛，大幅度提高了遗产保护的研究效率，尤其是在大尺度文化遗产的研究和保护中，取得良好效果。而对于长城这类超大尺度文化遗产的数据库建设与时空分析工作，仍在起步阶段，缺少系统的构建策略与方法。

目前，国内外对于地理信息系统在人文社科领域的应用愈发广泛，"空间人文社会科学"已成为社会学与文化学研究的支撑手段。空间人文（Spatial Humanities），以GIS技术为支撑，作为数字人文的重要组成部分，是对地理以及构筑的空间与文化、社会间交互影响的明确认识，强调空间与人的关系。《面向人类行为研究的时空GIS》指出，"空间人文学出现的关键是信任历史文化的偶然性、不可预测性和讽刺性可以呈现在叙事文本中，并将时间和空间一体化"[②]。

时空地理信息系统（Space-Time Geographic Information System），则是空间人文研究技术的具体表现形式之一，针对历史地理与时空关系进行数据整理与分析，数据类型不仅包含了人、地、物等各种有形的物质文化实体，还伴随特定时刻人类社会的精神产物，即各种无形文化遗产，它们都是客观存在并彼此相关的。时空GIS技术可充分对时空数据进行可视化表达，对于文化遗产数据的记录与展示具有重要作用[③]。基于空间人文概念的文化遗产数据库的建设，是通过数字技术对人文领域的切入，对人类文化遗产的传承与创新提供全新的方法与策略。

目前，已经有部分研究机构应用时空GIS技术完成了与社会人文学科相关的数据库建设或进行了相关研究与分析。美国印第安纳大学与普渡大学联合分校波利斯中心（The Polis Center）自20世纪90年代以来，一直在从事空间人文学科研究，依靠地理空间技术和方法来探索空间与人类行为与历史、社会、文化发展之间的关联问题；美国哈佛大学地理分析研究中心（Center for Geographic

① 曹迎春. 明长城宣大山西三镇军事防御聚落体系宏观系统关系研究[D]. 天津：天津大学，2015.
② BODENHAMER D J，孙顿，钦白兰，等. 超越地理信息系统：地理空间技术及历史学研究的未来[J]. 文化艺术研究，2014，7（1）：148−156.
③ 陈洁，萧世伦，陆锋. 面向人类行为研究的时空GIS[J]. 地球信息科学学报，2016，18（12）：1583−1587.

Analysis），携手复旦大学历史研究中心共同建立了中国历史地理信息系统（CHGIS）[①]，采用地图形式再现两千年中国历史地理变迁，旨在推动空间分析和地理信息系统在人文学与社会科学研究中的应用；美国加州大学，1999年成立了空间综合社会科学中心（Center for Spatially Integrated Social Science），促进了空间分析和地理信息系统在社会科学研究中的应用与发展。这些国际高水平研究机构在空间人文以及文化数据库建设方面的研究成果，都为本研究的顺利开展提供理论保障与技术借鉴。

在国内，台湾"中央研究院"地理咨询科学研究专题中心研发的"中华文明之时空基础架构"，实现了民国时期大陆各地历史地图以及20世纪七八十年代以前的航空或卫星遥感影像资料的空间化处理，完成了"中国历史文化空间数据库"[②]等数据库；香港中文大学太空与地球信息科学研究所，完成"晚明松江地区历史地理信息系统数据库"[③]等大量研究案例。以上机构的数据库研究与建设均在推动空间分析和地理信息系统在人文学与社会科学研究中的应用中取得重要成果。

同时，在大型文化遗产保护领域，2006年，清华大学建立了"京杭大运河保护数据库"，该数据库基于GIS技术，力图在调查、评估、规划、管理、监测和展示等遗产保护全过程中提供有效的技术支持[④]；由首都师范大学牵头建设的"丝绸之路历史地理开放平台"，基于空间信息技术、历史学、考古学等领域对于丝绸之路相关遗产要素进行空间定位，构建丝路时空数据库[⑤]；此外，清华大学还开展了对于"景德镇文化遗产保护数据库"的建设与应用研究工作，尝试构建多源、多时态、多尺度数据的开放信息平台[⑥]。

在长城文化遗产保护方面，2009年国家基础地理信息中心与中国文化遗产研究院合作，建立了长城资源调查采集系统，在此基础上建成长城资源保护管理信息系统（图1-11）[⑦]，于2016年12月正式投入使用，可向公众发布与长城相关的历史文化、遗迹遗存、保护管理等方面的信息（图1-12），此数据库侧重于资料存储与信息管理。

---

① BOL P K. The China Historical Geographic Information System (CHGIS) Choices Faced, Lessons Learned [A]// The Conference on Historical Maps and GIS. Nagoya University, 2007(08).
② 廖泫铭，范毅军. 中华文明时空基础架构：历史学与信息化结合的设计理念及技术应用[J]. 科研信息化技术与应用，2012，3（4）：17-27.
③ 香港中文大学. 晚明至清中叶大松江地区棉纺织业研究项目地理信息系统数据库[DB/OL]. [2019-08-24]. http://www.iseis.cuhk.edu.hk/songjiang/.
④ 清华大学，等. 空间信息技术在大遗址保护中的应用研究（以京杭大运河为例）[N]. 中国文物报，2010-05-28（004）.
⑤ 丝绸之路历史地理开放平台[DB/OL]. [2019-08-24]. http://www.srhgis.com.
⑥ 陈欣. 景德镇文化遗产保护数据库的建设与应用研究[D]. 北京：清华大学，2014.
⑦ 长城分布，中国长城遗产[DB/OL]. [2019-08-24], http://www.greatwallheritage.cn/CCMCMS/html/1/index.html.

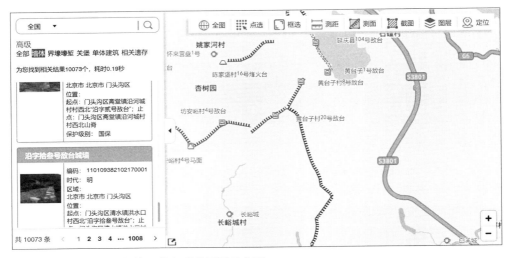

图1-11　长城资源保护管理信息系统界面示意图
（图片来源：中国长城遗产网站）

图1-12　长城资源保护管理信息系统数据信息展示界面
（图片来源：中国长城遗产网站）

本书希望从空间人文的视角，以时空GIS为技术支持，建立明长城防御体系基础信息数据库，为明长城文化遗产的认知与研究提供全面准确的数据基础以及高效的技术支持。研究所构建的数据库是在完整性记录明长城防御体系基础信息的前提下，基于GIS地理信息技术强大的时空分析功能，对长城进行时空演变的可视化展示与空间分析，为复杂环境下大量空间信息与历史信息的整合与时空关系研究提供技术支撑。首先，基于对明长城整体性研究与保护的需求，建立包括长城有形文化遗产与无形文化遗产在内的数据库构成框架；针对明长城防御体系特点，设计文化遗产专题数据库数据结构与图层分级；现阶段，数据库分析结果可用于长城保护范围划界，同时根据数据库在未来的长城文化遗产保护工作中的作用，实现面向不同使用人群的云GIS数据应用与发展。

二、明长城防御体系数据库的总体构成

明长城防御体系基础信息数据库，是基于天津大学六合建筑工作室长城研究课题组近十余年对于中国古代长城防御性聚落的调研成果，基于GIS地理信息系统建立的。2011年课题组初步建立"明长城军事聚落历史地理信息系统框架"[①]。但原有数据库仅包含长城与军事防御聚落的地理坐标数据，并没有形成完整的长城基础信息框架，且每组遗迹遗存均以一个地理坐标表达，适用于大尺度范围内长城防御系统空间分布分析，无法进行更为系统与微观层面的长城研究工作。

因此，在此基础上对明代长城及其军事防御聚落等相关要素的地理分布数据、要素测绘信息以及历史信息进行采集、储存、管理、运算、分析、显示和描述，从而形成时空动态的信息系统，目前数据库已经初具规模。数据库包含长城各实体要素的时空分布、历史演变、自然与人文环境以及无形文化遗产等相关内容，其目的是用于数据库管理、时空分析、价值评估、保护监测和展示利用技术研究等方面。

（一）明长城数据库主要内容

明长城防御体系在形成与时空演进过程中，主要受到与其相关的历史沿革、军事制度演变、地形地貌变化、社会人文变迁、使用状况改变等多方面因素的影响。因此明长城数据库的主要内容，可分为地理空间数据、遗产专题数据、生态环境数据、社会经济数据以及人文环境数据五大部分。根据数据需求，寻找数据来源，并将相关数据进行分类、整合，具体数据内容如表1-1所示。

---

① 杨申茂，张萍，张玉坤. 明长城军事聚落历史地理信息系统体系结构研究[J]. 建筑学报，2012（S2）：53-57.

明长城基础信息数据库数据内容 表1-1

数据类型	数据名称	数据包含内容
地理空间数据	数字正射影像（DOM）数据	1：10000精度要求
	数字高程模型（DEM）数据	1：10000精度要求
	数字线划（DLG）矢量数据	行政区划、河流、道路、县级以上政府驻地等信息
遗产专题数据	历史信息	遗产历史上的时间信息、地理信息、建筑形制、军事信息、贸易信息、经济文化信息等
	保存现状	保存状况、破坏原因、保护规划、保护措施、使用状况
	测绘资料	遗产测绘CAD图纸、三维点云资料
	航拍影像	不同历史时期遗产及其周边航拍影像照片
生态环境数据	大气环境	气温、湿度、风环境、降雨、日照、空气质量等
	水文环境	地下水、地表水范围与含量等
	地质环境	地形地貌、地质构造、土壤条件等
	物种条件	动物、植物种类及分布等
社会经济数据	区位环境	区域因素、土地利用、基础设施等
	社会构成	人口条件和社会结构等因素
	产业	产业结构与布局等
	能源	能源结构与类型等
	发展规划	发展规划与发展策略等
人文环境数据	遗产价值认知	文化遗产认知度、文化遗产保护意识等
	旅游开发	旅游开发类型与旅游开发力度
	人文环境	景观视线与景观效果等

（二）明长城数据库总体结构

空间三维数据库是一个系统化的整体，所包含内容具有共同的文化和时空表现特质，各部分内容组织为要素类或多层集合，形成子数据库，将子数据库按照空间拓扑和网络关系组织建立起整体数据库。基于数据库研究内容与框架搭建技术的基本需求，可将明长城基础信息数据库分为5个子数据库（图1-13），根据数据类型的不同，分为现状地理数据库、历史地理数据库、明长城文化遗产专题数据库以及遗产周边现状环境数据库，分别进行存储，同时建立元数据数据库。

现状地理数据库用来存储最新的地理信息遥感影像和矢量数据，包括明长城全境范围内的数字正射影像（DOM）数据、数字高程模型（DEM）数据、矢量数字线划（DLG）数据等；历史地理数据库主要是明代至今所能搜集到的古代军事地图、城址平面图以及近代与长城相关的航拍影像等；明长城文化遗产专题数据库，整理了大量长城文献和调研相关的数据记载、描述文字、栅格图片、矢量数据以及三维影像和模型等资料；遗产周边现代环境数据库，存储遗产周边环境的数据记载与描述文字，为长城遗产的价值评估和保护利用提供数据支持；元数据

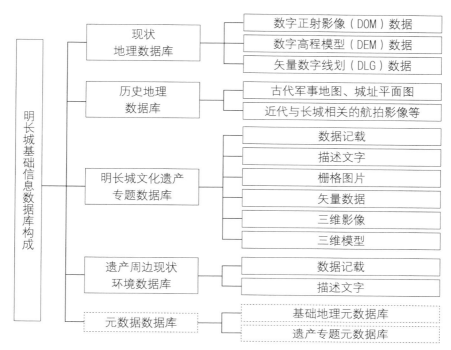

图1-13　明长城基础信息数据库构成图

数据库，作为附属数据库存在，分为基础地理元数据库和遗产专题元数据库主要是用来记录各种数据的内容、质量、状况和其他描述数据特征的信息，以方便数据库管理员进行数据管理与使用[①]。

（三）明长城数据库数据来源

　　基于明长城防御体系数据库的内容和结构要求，整理数据需求，寻找资料来源。通过对于明长城的实体信息采集、相关资料收集与整理，所需信息以文字、数据、二维图片、三维影像、三维模型等形式记录于数据库中，进行存贮与表达。根据内容的需求，明长城基础信息数据库数据来源主要分为以下几个途径（图1-14）：

　　（1）长城资源调查报告：国家文物局基于各省（自治区、直辖市）长城资源调查结果，陆续出版长城资源调查报告，成为本数据库的重要资料来源。

　　（2）长城相关其他现代出版物：2016年出版的《中国长城志：边镇·堡寨·关隘》[②]以长城沿线各级行政区划为单位，对于不同历史时期的长城沿线的边镇、堡寨、关隘进行总体梳理与分类记述，成为数据库的重要资料来源；同

① 唐智华. 京杭运河文化遗产保护数据库的设计与实现[D]. 长沙：中南大学，2009.
② 张玉坤. 中国长城志：边镇·堡寨·关隘[M]. 南京：江苏凤凰科学技术出版社，2016.

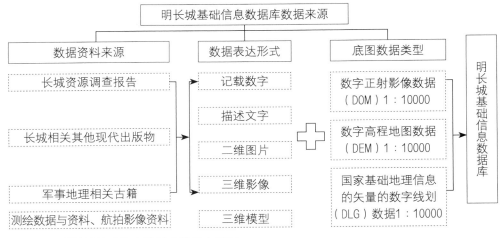

图1-14　明长城基础信息数据库数据来源图

时，各省、直辖市、自治区的《中国文物地图集》[①]，各地区的长城考古报告等，提供了长城相关的聚落与遗址重要考古信息；相关地区的地方志、军事志、地名志、统计年鉴以及政府官方档案资料等为长城时空变迁的追溯提供重要依据。

（3）军事地理相关古籍：与长城相关的军事地理古籍也为明长城的研究与数据库建设提供依据，所用古籍包括《读史方舆纪要》[②]《四镇三关志》[③]《皇明九边考》[④]等，以及《明史》《明实录》等。

（4）测绘数据与资料：自2001年以来天津大学六合建筑工作室长城研究课题组对于长城沿线部分地区进行了大规模的田野调查和实地测绘，并采集了大量点云数据和航拍影像资料，为数据库提供了大量三维数据信息。

（5）航拍影像资料：数据库所需航拍影像资料包括数字正射影像（DOM）数据和数字高程模型（DEM）数据，含有国家基础地理信息的矢量的矢量的数字线划（DLG）数据（包括行政区划、河流、道路、县级以上政府驻地等信息）等。

三、明长城防御体系文化遗产专题数据库

明长城防御体系文化遗产专题子数据库，作为明长城基础信息数据库的核心数据库之一，其结构搭建与层级设计应符合长城文化遗产的历史发展、空间分布以及军事管理特点。

---

① 国家文物局. 中国文物地图集[M]. 北京：文物出版社，1989-2021.
② 顾祖禹. 读史方舆纪要[M]. 北京：中华书局，1955.
③ 刘效祖. 四镇三关志[M]. 明万历四年刻本. 北京：北京出版社，1998.
④ 魏焕. 皇明九边考[M]. 明嘉靖刻本//薄音湖，等. 明代蒙古汉籍史料汇编：卢龙塞略：九边考：三云筹俎考. 第6辑. 呼和浩特：内蒙古大学出版社，2009.

（一）明长城文化遗产专题数据结构

明长城防御体系包含了复杂的军事防御系统与庞大的防御工事体系。军事防御系统由屯兵系统、烽传系统、驿传系统、军需屯田系统、抚赏贸易系统组成，防御工事体系由城墙、墙台、敌台、墩台、关城和堡寨等组成，用以同时满足军事作战、兵力储备、信息传递、物资运输与供应等需求[①]。根据明长城防御体系防御工事的构成特点，明长城文化遗产专题数据库数据结构按照文化实体对象分为4个部分：明长城本体墙体数据、明长城本体附属建筑数据、明长城军事防御聚落数据和明长城相关建筑遗存数据（图1-15）。根据每部分要素的自身属性可分为地理信息、历史信息、建筑形制、周边环境以及保存现状等多方面内容，各部分内容严格按照其时空发展顺序进行整合与录入。

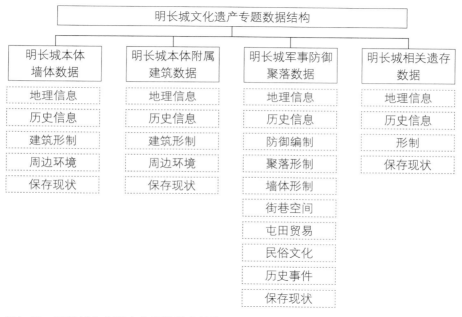

图1-15　明长城文化遗产专题数据库结构

（二）明长城文化遗产专题数据要素图层结构

明代为了巩固政权、防御入侵、防卫京师，大规模修筑明长城防御体系，同时不断推行军事制度改革，最终于嘉靖年间形成了总兵镇守制度与都司卫所制度并行的军事管理制度，建立了明长城九边十一镇。数据库根据明长城防御体系的工事体系构成、九边空间分布以及文化实体类型依次进行层级划分，从而对于长城文化遗产的有形与无形文化遗产进行分类汇总与资料录入。明长城文化遗产专题数据要素图层结构如图1-16所示。

① 李严. 明长城九边重镇防御体系与军事聚落[M]. 北京：中国建筑工业出版社，2018.

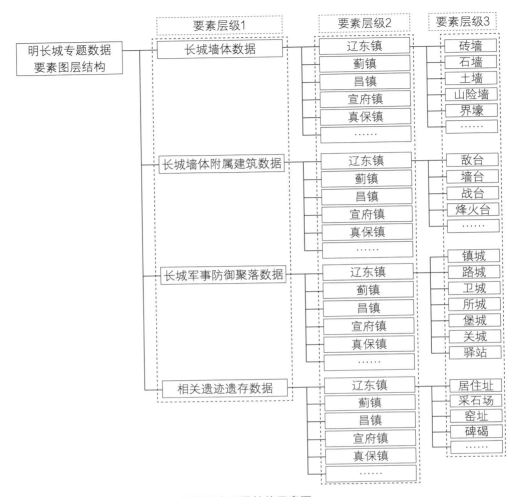

图1-16　明长城文化遗产专题数据要素图层结构示意图

（1）要素层级1：将明长城防御体系按照防御工事体系进行分类，分为四大类，分别对应长城墙体数据、长城墙体附属建筑数据、长城军事防御聚落数据以及相关遗迹遗存数据，所有类别覆盖明长城全线所有有形遗产类型。

（2）要素层级2：将不同类型防御工事，分别按照明长城九边十一镇的区域划分进行定位和整理。

（3）要素层级3：将不同区域内的有形文化遗产按照其物质属性的不同进行空间分布的分类标注。可将不同的空间数据转化组织成一系列的专题图层、表格和模型等，进行编辑分析与再利用。

由于本数据库主要表达明长城防御体系整体地理位置，故大多数建筑遗产的地理位置仅用点数据或线数据表达，所有相关建筑、军事及无形文化遗产信息作为点或者线数据的附属属性进行整理和记录。具体的数据要素分层及数据要求如表1-2所示。

明长城文化遗产专题数据要素分层及数据要求　　　　　表1-2

要素分层1	要素分层2	要素分层3	图层名称		几何类型
长城墙体数据（W）	辽东镇（LD）	砖墙（ZQ）	辽东长城砖墙	WLDZQL	线
		石墙（SQ）	辽东长城石墙	WLDSQL	线
		土墙（TQ）	辽东长城土墙	WLDTQL	线
		山险墙（SXQ）	辽东长城山险墙	WLDSXQL	线
		界壕（JH）	辽东长城界壕	WLDJHL	线
		其他（OT）	辽东长城其他	WLDOTL	线
	蓟镇（JI）	砖墙（ZQ）	蓟镇长城砖墙	WJIZQL	线
	昌镇（CH）	砖墙（ZQ）	昌镇长城砖墙	WCHZQL	线
	宣府镇（XF）	砖墙（ZQ）	宣府长城砖墙	WXFZQL	线
	真保镇（ZB）	砖墙（ZQ）	真保长城砖墙	WZBZQL	线
	山西镇（SX）	砖墙（ZQ）	山西长城砖墙	WSXZQL	线
	大同镇（DT）	砖墙（ZQ）	大同长城砖墙	WDTZQL	线
	延绥镇（YS）	砖墙（ZQ）	延绥长城砖墙	WYSZQL	线
	宁夏镇（NX）	砖墙（ZQ）	宁夏长城砖墙	WNXZQL	线
	固原镇（GY）	砖墙（ZQ）	固原长城砖墙	WGYZQL	线
	甘肃镇（GS）	砖墙（ZQ）	甘肃长城砖墙	WGSZQL	线
长城墙体附属建筑数据（A）	辽东镇（LD）	敌台（DT）	辽东长城敌台	ALDDTP	点
		墙台（QT）	辽东长城墙台	ALDQTP	点
		战台（ZT）	辽东长城战台	ALDZTP	点
		烽火台（FHT）	辽东长城烽火台	ALDFHTP	点
		其他（OT）	辽东长城其他	ALDOTP	点
长城军事防御聚落数据（F）	辽东镇（LD）	镇城（ZC）	辽东长城镇城	FLDZCA	面
		路城（LC）	辽东长城路城	FLDLCA	面
		卫城（WC）	辽东长城卫城	FLDWCA	面
		所城（SC）	辽东长城所城	FLDSCA	面
		堡城（BC）	辽东长城堡城	FLDBCA	面
		关城（GC）	辽东长城关城	FLDGCA	面
		驿站（YZ）	辽东长城驿站	FLDYCA	面
相关遗迹遗存数据（R）	辽东镇（LD）	居住址（JZ）	辽东长城居住址	RLDJZP	点
		采石场（CS）	辽东长城采石场	RLDCSP	点
		砖窑址（ZY）	辽东长城砖窑址	RLDZYP	点
		碑碣（BJ）	辽东长城碑碣	RLDBJP	点
		其他（OT）	辽东长城其他	RLDOTP	点

（三）明长城文化遗产专题存储数据结构分类

明长城文化遗产专题数据库部分，具体的数据逻辑与数据标准也是基于明长城防御体系的系统关系而建立的。下文以明长城军事防御聚落部分具体数据信息为例，进行数据库逻辑说明。

　　明长城军事防御聚落部分数据主要包括数据名称属性、地理信息、修建信息、防御编制、级别演变、聚落形制、堡墙形制、聚落内部空间、屯田贸易、民俗文化、历史事件、保存现状以及史料来源等多方面内容，涵盖了军事聚落的历史与现状信息，全面记录了聚落相关有形与无形文化遗产，其部分数据结构框架如图1-17所示（完整数据结构框架图见书后插页）。具体的部分数据规范表如表1-3所示。

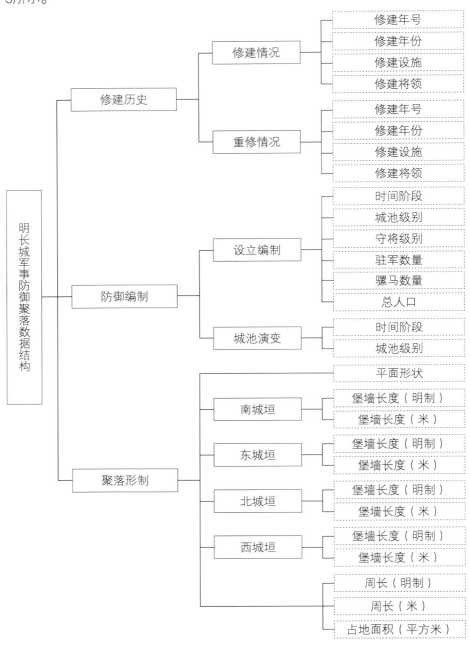

图1-17　明长城文化遗产专题数据库军事防御聚落部分数据结构框架

明长城文化遗产专题数据库防御聚落部分数据规范表　　　表1-3

序号	属性要素	数据名称		数据类型	字符数
1	名称属性	文物编号		字符串	50
2		区域		字符串	50
3		建筑类型		字符串	50
4		名称		字符串	50
5	地理信息	位置	经度	字符串	50
6			纬度	字符串	50
7			高程	字符串	50
8		地点（行政区划）		字符串	50
9		隶属区段		字符串	50
10		与长城位置关系		字符串	50
11		与长城距离（米）		字符串	50
12	修建信息	修建时间	修建年号	字符串	50
13			修建年份	字符串	50
14			修建设施	字符串	50
15			修建将领	字符串	50
16		重修时间	修建年号	字符串	50
17			修建年份	字符串	50
18			修建设施	字符串	50
19			修建将领	字符串	50
20		修建将领		字符串	50
21	防御编制	城池级别		字符串	50
22		守将级别		字符串	50
23		驻军数量		字符串	50
24		骡马数量		字符串	50
25		总人口（现有）		字符串	50
26	级别演变	时间		字符串	50
27		城池级别		字符串	50
28		城池级别[其中清代演变按照：道、府（州）、县、村、闲置填表]		字符串	50
29	聚落形制	平面形状		字符串	50
30		南城垣	堡墙长度（明制）	字符串	50
31			堡墙长度（米）	字符串	50
32		北城垣	堡墙长度（明制）	字符串	50
33			堡墙长度（米）	字符串	50

序号	属性要素	数据名称		数据类型	字符数
34	聚落形制	东城垣	堡墙长度（明制）	字符串	50
35			堡墙长度（米）	字符串	50
36		西城垣	堡墙长度（明制）	字符串	50
37			堡墙长度（米）	字符串	50
38		周长	周长（明制）	字符串	50
39			周长（米）	字符串	50
40			占地面积（平方米）	字符串	50
41	堡墙形制	墙体形制	墙体材质	字符串	50
42			墙体基础宽度（米）	字符串	50
43			墙体顶部宽度（米）	字符串	50
44			墙体内侧高度（米）	字符串	50
45			墙体外侧高度（米）	字符串	50
46			夯层厚度（米）	字符串	50
47		堡门	堡门数量	字符串	50
48			南向堡门高（米）	字符串	50
49			南向堡门宽（米）	字符串	50
50			南向堡门进深（米）	字符串	50
51			南向堡门修建时间	字符串	50
52			北向堡门高（米）	字符串	50
53			北向堡门宽（米）	字符串	50
54			北向堡门进深（米）	字符串	50
55			北向堡门修建时间	字符串	50
56			东向堡门高（米）	字符串	50
57			东向堡门宽（米）	字符串	50
58			东向堡门进深（米）	字符串	50
59			东向堡门修建时间	字符串	50
60			西向堡门高（米）	字符串	50
61			西向堡门宽（米）	字符串	50
62			西向堡门进深（米）	字符串	50
63			西向堡门修建时间	字符串	50
64		瓮城边长	瓮城数量	字符串	50
65			瓮城方向	字符串	50
66			瓮城长度（米）	字符串	50
67			瓮城宽度（米）	字符串	50

续表

序号	属性要素		数据名称	数据类型	字符数
68	堡墙形制	瓮城边长	瓮城门开启方向	字符串	50
69			瓮城门长度（米）	字符串	50
70			瓮城门宽度（米）	字符串	50
71			瓮城门进深（米）	字符串	50
72		马面	马面数量	字符串	50
73			马面位置	字符串	50
74			马面长度（米）	字符串	50
75			马面宽度（米）	字符串	50
76			马面高度（米）	字符串	50
77		角楼	角楼数量	字符串	50
78			角楼方位	字符串	50
79			角楼墙体长度（米）	字符串	50
80			角楼墙体宽度（米）	字符串	50
81			角楼墙体高度（米）	字符串	50
82	聚落内部空间	街道	南北向街道数量	字符串	50
83			东西向街道数量	字符串	50
84		附属建筑	中心楼数量方位	字符串	50
85			衙署官邸数量方位	字符串	50
86			庙宇祠堂数量方位	字符串	50
87			学堂书院数量方位	字符串	50
88			仓储草场数量方位	字符串	50
89			校场数量方位	字符串	50
90			戏楼数量方位	字符串	50
91			民居数量方位	字符串	50
92			边墩数量方位	字符串	50
93			火路墩数量方位	字符串	50
94	屯田贸易	屯田	屯田面积（公顷）	字符串	50
95			屯田位置	字符串	50
96			上缴粮食数量	字符串	50
97		朝廷供给	粮（石）	字符串	50
98			草（束）	字符串	50
99			银两	字符串	50

续表

序号	属性要素	数据名称		数据类型	字符数
100	屯田贸易	马市	与堡寨位置关系	字符串	50
101			与长城位置关系	字符串	50
102			开市起始时间	字符串	50
103			开市频率和时间	字符串	50
104	民俗文化	民俗文化类型		字符串	50
105		非物质文化遗产级别		字符串	50
106	历史事件	边防战事		字符串	50
107		著名将领		字符串	50
108		历史事件		字符串	50
109	保存现状	评定等级		字符串	50
110	史料来源	测绘图纸		字符串	50
111		数据来源		字符串	50
112	位置精度	精度等级		字符串	50

（四）数据库建设与界面展示

目前，明长城防御体系数据库已经初见雏形。首先，根据数据需求，按照数据来源整理数据信息，并进行数据编辑及录入工作（图1-18）；其次，进行了长城军事防御聚落的信息校准工作，现阶段已基本完成遗产要素的地理信息核对工作；并将长城防御体系相关遗产要素的地理信息与其对应的有形与无形文化遗产的属性信息相链接；进而在不断补充完善数据库属性信息的同时，可以在现阶段数据库的基础上实行进一步的可视化展示与时空分析工作。

（五）明长城防御体系历史地理数据精度要求

现阶段数据库框架建设与数据录入已经基本完成，根据目前阶段数据精度和质量，将所有数据地理信息精度分为5个层级，并将数据精度等级记录于数据属性表中，便于之后研究人员的检查和数据修补工作。数据库地理信息精度等级如表1-4所示。随着后期数据库建设的不断推进，以及数据采集与校准工作的不断完善，数据的地理信息与历史信息精度均会逐步提升。

明长城军事防御聚落数据　镇城、路城、卫城、所城、堡城、关城、驿城、哨所

序号	文物编号	区域	建筑类型	名称	位置（经度、纬度）	高程	地点（行政区划）	隶属区段	与长城位置关系	与长城距离（米）
1	2106243533102170001	宽甸县	堡城	安平城	宽甸县杨木川乡边沟村13组	224	宽甸县杨木川乡边沟村		南侧距蚂蚁岭长城4000米	4000
2	2106243533102170002	宽甸县	堡城	杨木川土堡子城（大甸堡）	宽甸县土堡子城村南500米处	113	宽甸县杨木川镇长甸子村		西南侧距蚂蚁岭长城17300米	17300
3	2106243533102170003	宽甸县	堡城	长甸城（永甸堡）	宽甸县长甸镇永甸村	106	宽甸县长甸镇永甸村		西南侧距古楼子长城22500米	22500
4	2106243533102170004	宽甸县	堡城	永甸城（大甸堡）	宽甸县永甸镇永甸村	142	宽甸县永甸镇永甸村			
5	2106243533102170005	宽甸县	堡城	坦甸城	宽甸县坦甸村	184	宽甸县坦甸村			
6	2106243533102170006	宽甸县	堡城	宽甸城（大甸堡）	宽甸县青椿山乡赫甸村	308	宽甸县县城		西北距八楼村长城23700米	23700
7	2106243533102170007	宽甸县	堡城	赫甸城	宽甸县青椿山乡赫甸村	33	宽甸县青椿山乡赫甸村		西北侧距八楼村长城11400米	11400
8	2106043533102170001	振安区	堡城	九连城	丹东市振安区九连城镇九连城村	25	丹东市振安区九连城镇九连城村		东北距虎山长城8段6400米	6400
9	2106043533102170002	振安区	堡城	石城（红甸台堡）	丹东市振安区楼房乡右城子村	38	丹东市振安区楼房乡右城子村		东侧距老边长城4700米	4700
10	2106043533102170003	凤城市	堡城	土城子堡（宁堡）	凤城市东汤乡小城子村	34	凤城市东汤乡小城子村		东北距蚂蚁岭长城9000米	9000
11	2106823533102170001	凤城市	堡城	汤半城（新安堡）	凤城乡民生村里村民组北侧平地上	62	凤城市东汤乡民生村		东北距蚂蚁岭长城8400米	8400
12	2106823533102170002	凤城市	堡城	石城	石城乡凤阳城村东500米处	98	石城乡	东路辽阳城	东南距辽阳城3200米	3200
13	2106823533102170003	凤城市	堡城	辽阳城	凤城县凤阳城村	203	凤城市凤阳城	东路辽阳凤阳城	东南距门楼长城1000米	1000
14	2106823533102170001	本溪县	堡城	孤山城	本溪县碱厂镇碱厂村	342	本溪县碱厂镇碱厂村	东路辽阳凤阳城	东南距牡丹顶·瓜蒌冲长城11500米	11500
15	2105213533102170001	本溪县	堡城	新城子城（孤山新堡）	本溪县东营房乡新城河城村	357	本溪县东营房乡新城河城村	东路辽阳凤阳城	东南距东营房瓜蒌沟长城12000米	12000
16	2105213533102170002	本溪县	堡城	清河城	本溪县清河城镇印刷厂南20米	294	本溪县清河城镇清河城村	东路辽阳凤阳城	东北距埚沟长城2000米	2000
17	2105213533102170003	本溪县	堡城	散羊峪堡	本溪县教兵乡山龙村内	273	本溪县教兵乡山龙村	东路辽阳凤阳城	东距大堡子长城13000米	13000
18	2104213533102170001	抚顺县	堡城	马根单堡	抚顺县教兵乡郡单村内	313	抚顺县教兵乡郡单村	东路辽阳凤阳城	东距四块石道沟子长城17000米	17000
19	2104213533102170002	抚顺县	堡城	东州城	抚顺县小东洲乡大东洲村内	189	抚顺县小东洲乡大东洲村	东路辽阳凤阳城	东距古长城1段13000米	13000
20	2104213533102170003	抚顺县	堡城	东州城	抚顺县小东洲乡大东洲村内	136	抚顺县小东洲乡大东洲村	东路辽阳凤阳城	东北距抄河建与长城10500米	10500
21	2104113533101170001	顺城区	关城	抚顺关	顺城区前甸镇关岭村东南3000米	132	顺城区前甸镇关岭村		关门位于抚顺关夹长城上，关城和卫城位于长城内侧	0
22	2104113533102170002	顺城区	堡城	会安堡	顺城区会元乡耕地	158	顺城区会元乡	北路开原卫千户所城	东距边墙沟长城13700米	13700
23	2104113533102170003	铁岭县	堡城	三岔儿堡	铁岭县腰堡河子乡三岔子村内	201	铁岭县腰堡河子乡三岔子村	北路开原脖路城	东距开原脖路长城5500米	5500
24	2112213533102170001	铁岭县	堡城	白家冲堡	铁岭县李千户乡花豹冲村内	157	铁岭县李千户乡花豹冲村	北路沈阳中左卫千户所城	东距殷家冲长城1段9000米	9000
25	2112213533102170002	铁岭县	堡城	抚安堡	铁岭县大甸子镇抚安堡村	123	铁岭县大甸子镇抚安堡村	北路开原脖岭城	东北距清河长城1段12000米	12000
26	2112213533102170003	铁岭县	堡城	柴河堡				北路开原中固城		
27	2112823533102170001	开原市	堡城	松山堡	开原市靠山镇柴河小学所在地	132	开原市靠山镇中固村	北路开原中固城	东距雷山长城4300米	4300
28	2112823533102170002	开原市	堡城	广顺关寨	开原市松山乡松山小学校内	134	开原市松山乡小果子	北路开原中固城	东南距山嘴长城1段11000米	11000
29	2120413533101170001	清河区	关城	广顺关寨	聂家红花甸子村北1300米的清河	130	聂家红花甸子村	北路开原城	位于厂东山长城线上	
30	2112823533102170003	开原市	堡城	威远堡	开原市威远堡镇远城中学所在地	128	开原市威远堡镇北村	北路开原城	东南距中和长城4500米	4500
31	2112243533102170001	开原市	堡城	镇北堡	开原县图镇青羊堡村东南400米	151	开原市图镇北村	北路开原城	东南距荣棚长城北村5000米	5000
32	2112243533102170002	昌图县	堡城	清阳堡	昌图县图镇青羊堡村	156	昌图县图镇青羊堡村	北路开原城	北距塔沟长城8300米	8300
33	2112243533102170003	昌图县	堡城	镇夷堡	昌图县马仲间镇古城堡村内	111	昌图县马仲间镇古城堡村	北路开原城	西北距青青堡长城13700米	13700
34	2112283533102170003	昌图县	堡城	永宁堡	昌图县亮中桥乡八palm村农输城子地	120	昌图县亮中桥乡八palm村	北路开原参将于原城	西北距兴隆台长城2段5400米	5400
35	2112283533102170005	开原市	堡城	古城堡	开原市庆云堡镇古城堡村内	86	开原市庆云堡镇古城堡村	北路开原城	西南距兴隆台长城2段6500米	6500

图1-18　明长城遗产专题数据库相关数据汇总（局部）

数据库地理信息精度等级 表1-4

精度等级	精度分类	精度描述
A级	精确的经纬度位置	①国家长城资源考察测得的长城地理坐标数据; ②天津大学六合建筑工作室田野调查测得的GPS数据; ③相关考古报告实地测得的GPS数据
B级	卫星影像可见的位置	①在卫星影像图中,依据相关文献记载,可明显辨别并定位出遗址轮廓的遗迹地理坐标; ②在卫星影像图中,依据相关文献记载,可辨别部分遗址轮廓,通过其他相关资料综合判断,可确定的遗址地理坐标
C级	文献记载的地理位置	①在卫星影像图中,依据相关文献记载,可辨别部分遗址轮廓,但无法通过其他相关资料判断的遗址地理坐标; ②在卫星影像图中,依据相关文献记载,可确定遗址大概村域位置,但不能识别遗迹轮廓的遗址地理位置
D级	相关数据库补充的位置	其他历史地理信息数据库补充的遗址位置(例如CHGIS数据库),未经核实
E级	根据文献推断的位置	根据相关文献记载,结合相邻遗产位置,大致确定的遗址地理位置
F级	无法确认的位置	

四、明长城防御体系基础信息数据库应用及发展

（一）基于明长城防御体系基础信息数据库的保护区划应用

基于现阶段明长城防御体系基础信息数据库的搭建以及部分区域数据库的录入内容,可用于实现长城防御体系保护规划范围的划界。基于长城防御体系层次体系保护范围的界定是长城整体保护工作的重要组成部分和前提。不同地区明长城的保护区划,需要以明长城防御体系GIS数据库为基础,从明长城军事防御体系系统关系的角度出发进行范围界定。各层次体系保护范围的界定要考虑长城本体、各层次军事聚落、烽传系统、驿传系统、各构成要素依托的自然地形地貌、相关文化遗存等所有文化遗产的相互关系,利用GIS技术综合分析各影响因素,对各层次军事聚落进行划界研究。

根据国家最新长城总体保护政策的相关规定,原则上长城遗产保护范围包括:长城防御体系所有关城寨堡、长城墙体及其相关遗产周边50~65米范围,以及建设控制地带500米区域和应用GIS技术数据模拟所能达到的可视域范围;长城本体与军事聚落之间的兵力行进或运输经过的道路,即可达域范围;长城周围环境所遗存的山体、水体等自然地貌范围等。因此基于数据库资料的精确定位与空间分析成为保护区划界定的必需手段。

（二）明长城防御体系基础信息数据库未来发展

明长城防御体系基础信息数据库的建设，需要满足社会各界人士对于长城文化遗产的认知、研究与保护需求，因此应建设云GIS数据平台以满足不同用户与功能使用需求[1]，如图1-19所示。数据库建设下一阶段，应实现面向不同用户需求的开放数据平台（ODP）、自发地理信息（VGI）的交互、数据的检索与分析、数据的时空可视化展示等相关模块内容建设[2]。在时空语境下搭建的完整的长城基础信息数据库，可以为研究者提供长城时空演进的真实信息，为决策者提供保护规划的准确依据，为管理者提供时空数据资源共享的协同管理监测机制，同时满足公众对于长城文化遗产的认知与普及教育的需求。

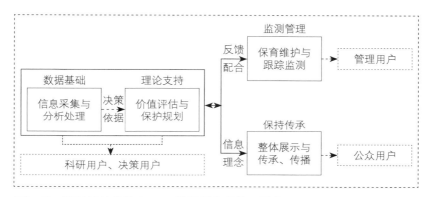

图1-19 明长城地理信息云GIS数据平台的使用需求

明长城防御体系基础信息数据库的建设能够客观全面地记录长城文化遗产，以多角度的信息采集结合大数据分析，为文化遗产保护提供详尽真实的数据参考。空间数据库的建设可以将非数字的人文资料加工转化为数字内容，并可以对非结构化的数字文本内容按照某种使用目的进行规范化标注，在提高数据使用效率的同时，提供新型的数字人文与空间人文的研究方法。

（三）明长城防御体系基础信息数据库亟待完善之处

明长城防御体系基础信息数据库目前已经完成九边十一镇的数据录入、整理工作，主要军镇数据已经链接至ArcGIS平台，并已经进行了已有数据的位置信息校准等工作，可进行一定区域范围内的长城防御体系空间信息分析工作。但是由于长城数据信息过于庞大，部分地区数据存在严重缺失，多集中于长城资源调查未能达到之处，尤以长城本体1千米范围之外的无数军事防御聚落为甚，天津大

---

① 吴洪桥，张新. 云GIS发展现状与趋势[J]. 国土资源信息化，2015（4）：3-11.
② HE J. GIS-based Cultural Route Heritage Authenticity Analysis and Conservation Support in Cost-surface and Visibility Study Approaches[D]. Hong Kong: The Chinese University of Hong Kong, 2008.

学六合建筑工作室长城研究课题组历年来的调研成果可弥补部分数据信息，但仍有许多地区具体信息不足，亟待补充。

下一阶段的数据库建设工作，在完善与精确数据信息的同时，将与不同领域的长城学研究与保护人员协同合作，建立数据库共享平台，同步分享数据资源，动态补充遗产信息；同时，建立便捷的长城防御体系空间分析系统，便于数据的灵活使用与分析；最终实现明长城军事防御体系基础信息数据库的数据收集与管理、空间模型动态分析、数据共享与展示等综合应用。

第二章　明长城文化遗产价值评估体系

　　明长城是我国现存体量最大的建筑遗产，也是重要的世界文化遗产，以防御体系的整体性视角探讨科学、合理和准确的价值认知与价值评估是目前研究与保护工作的重点，也是难点。研究以明代长城军事防御体系为研究对象，从定性的角度，对明长城进行整体性的价值认定；从定量的角度，构建价值评估指标体系，对于明长城的遗产价值与环境价值进行等级评定；同时，尝试以货币为衡量方式，以条件评估法为基础，简析明长城经济价值评估办法。希望通过对于明长城价值的综合性评定，为明长城军事防御体系整体性保护工作的开展提供依据与支撑。

第一节　文化遗产价值评估内容及方法

一、文化遗产价值评估的内容及发展

　　《中华人民共和国文物保护法》①中，对于文物价值的评判内容包括历史、艺术与科学三个方面，但并未对文物价值评估的标准及内涵进行详细说明。此外，文化遗产价值如果仅从历史、艺术、科学三个方面进行价值判断，似乎无法涵盖其所有价值类型，无法进行准确的价值评判。在1999年修订的国际古迹遗址理事会澳大利亚委员会制定的《关于保护具有文化重要意义地点的宪章》（即《巴拉宪章》）②中指出，"文化重要性"即"文化遗产价值"，被归纳为美学、历史、科学、社会、精神价值等，并指出不能强调一种价值而牺牲其他价值。文化遗产的社会与精神价值被正式提出。之后在2000年国际古迹遗址理事会编写的《关于中国文物古迹保护准则若干重要问题的阐述》中明确提出，文物价值评估需要包括"历史、艺术和科学价值，以及通过合理的利用可能产生的社会效益和经济效益"③。该阐述在原有价值评估内容的基础上，提出了社会价值与经济价值的概念。2015年，在新版的《中国文物古迹保护准则》中，对于文化遗产价值进行了更为准确的认定，指出文物古迹的价值应该包括"历史价值、艺术价值、科学价值，以及社会价值和文化价值"④，进一步补充了文化遗产价值的构成与内涵要素。基于历史、艺术、科学、社会与文化价值这五方面的价值评估，基本涵盖文

---

① 全国人民代表大会常务委员会. 中华人民共和国文物保护法（2017年修正本）[Z]. 2017.
② 国际古迹遗址理事会（ICOMOS）澳大利亚国家委员会. 巴拉宪章[Z]. 1999.
③ 国际古迹遗址理事会中国国家委员会. 关于中国文物古迹保护准则若干重要问题的阐述[Z]. 2000：第8.2条.
④ 国际古迹遗址理事会中国国家委员会. 中国文物古迹保护准则[Z]. 2015.

化遗产的各方面内涵，下文将采用这一标准对于明长城文化遗产进行定性的内在价值评定。

文化遗产的保存价值，是对于文化遗产的历史与现状价值的综合评定，针对文化遗产类型的不同，也可称为"可利用价值"或"再利用价值"。文化遗产的保存价值由遗产价值与环境价值两部分共同构成。基于量化的评估指标，对于文化遗产的保存利用等级进行评判，评估指标内容涵盖了文化遗产的历史、艺术、科学、社会与文化价值等各方面内容，具有一定的客观性。

对于文化遗产的价值评估应该是全面而客观的，文化遗产作为一种可开发利用资源，逐渐具有了满足社会新型消费需求、向社会提供新型消费服务的经济职能[①]。文化遗产的经济因素都没有在当今国内的文化遗产价值体系中得到合理的认定和评估。随着人们对精神与文化消费需求的不断提高，文化需求也自然而然地成为一种经营方式。经济价值是文化遗产的重要属性，但不属于文化遗产的内在文物价值，评判标准与评估属性也具有明显差异，应单独进行价值评定。

二、文化遗产价值评估方法

文化遗产价值评估需要采取定性与定量相结合的评价方式，才能实现评价体系的科学与合理。现阶段的文化遗产价值评估方式多为单一的定性描述，缺乏客观性，同时评价结果也无法直接应用于进一步的文化遗产保护与管理之中。文化遗产价值的定性描述与定量评价相结合，是文化遗产价值评估体系实现客观与准确的前提。

（1）文化遗产价值评估定性分析方法

文化遗产价值的定性评估主要通过田野调查、文献分析、总结归纳等对文化遗产的文物价值（包括历史、艺术、科学、社会、文化价值）进行定性的判断与总体性描述。定性评估结果较为直观易懂，直接表达文化遗产价值特点，但需要依赖评估者的主观判断，无法形成标准化的评价方法。定性评估是定量评估的前提，在把握总体的定性价值判断的基础上，才能便于展开进一步的定量价值评估，完善价值评估体系与评估方法。

（2）文化遗产价值评估定量分析方法

文化遗产的定量价值评估可以实现评估过程的标准化与评估结果的量化，较为客观地对文化遗产本体及其保存现状进行等级或者数字化表达。定量评估方法主要包括模糊综合评价法（基于模糊数学，将定性评价转化成定量评价指标，便于对各评价要素进行综合的定量评价）、层次分析法（AHP，确定量化评估指标

---

① 顾江. 文化遗产经济学[M]. 南京：南京大学出版社，2009：183-187.

层级与评估要素，并基于各层级指标的确定权重值，进行评价结果量化）、德尔菲法（专家评议法，通过问卷形式，征求专家意见，确定评估指标与权重值，可以对模糊综合评价法与层次分析法进行补充与校准）等方法，几种方法在定量评估过程中相互配合，才能最终形成完整客观的评估办法。

（3）文化遗产经济价值评估方法

文化遗产中的经济价值包括使用价值和非使用价值（图2-1）。[①]文化遗产作为旅游资源的直接运营收入和传统民居作为文物买卖所得的可见价格，均属于使用价值，可以采用旅行成本法（TCM）、享乐定价法（HPM）、随机效用法（RUM）以及市场价格等进行真实的市场价值评估[②]。同时，文化遗产还包括选择价值、存在价值以及遗产价值等多方面间接经济价值，即非使用价值[③]，这部分经济价值可采用条件价值评估法（CVM）或选择模型法（CM）等对其进行虚拟价值评估分析[④]。其中，条件价值评估法目前在文化遗产价值评估中较为常见，是采用调查问卷的方式直接反映消费者支付意愿偏好的价值评估方法。

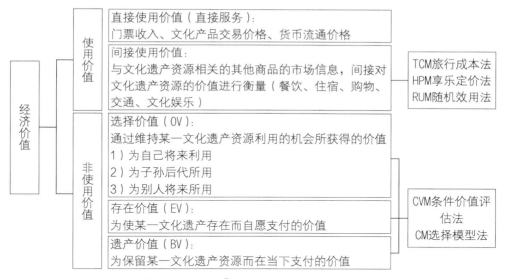

图2-1　文化遗产经济价值评估方法总结[⑤]

---

① TORRE M D L. Assessing the Values of Cultural Heritage: Research Report[C]. Los Angeles, CA: Getty Conservation Institute, 2002.
② CHOI A S, RITCHIE B W, PAPANDREA F, et al. Economic valuation of cultural heritage sites: a choice modeling approach [J]. Tourism Management, 2010, 31(2): 213−220.
③ 周英. 文化遗产旅游资源经济价值评价研究[D]. 大连：大连理工大学，2014.
④ RUIJGROK E C M. The three economic values of cultural heritage: a case study in the Netherlands [J]. Journal of Cultural Heritage, 2006, 7(3): 206−213.
⑤ 同③.

第二节　明长城文化遗产价值评估意义及框架

一、明长城文化遗产价值评估意义

明长城军事防御体系作为一种重要又特殊的文化遗产，承载着中华传统文化重要的历史、军事、文化信息，是中华民族文明发展史的"实证"，进行整体性、基础性研究具有重要的历史和现实意义。明长城文化遗产的要素构成已在前文详细阐述，在此不作赘述。

基于真实性、完整性的明长城文化遗产整体基础性研究是保护传承的根本，价值认知与评估是遗产保护、规划及其管理的核心基础，保护规划、措施及制度的设计和制定完全基于价值认定的支撑，因此对于文化遗产价值认知和评估的深入研究是文化遗产保护工作的重中之重。由于我国在文化遗产领域研究起步较晚，诸多文化遗产缺少系统、持续的基础研究，尤其在文化遗产价值认知与评估方面的研究严重滞后，致使遗产价值认定不清晰，后续保护、陈展、管理与决策失准。例如在诸多文保单位建筑文化遗产规划编制过程中，普遍存在认知不深入，评估不充分，生搬硬套文物保护法中相对静态的历史、艺术、科学三大价值标准的问题，缺乏针对具体对象的价值认定研究，尤其是对依然使用中或承载非物质文化遗产的建筑遗产缺乏价值认定，导致长期单一、静态的保护方式对文化遗产造成无法弥补的伤害。因此，构建基于建筑学、历史学、社会学、地理学、环境学和经济学等在内的多学科的明长城文化遗产价值评估与识别体系，对于文化遗产的历史价值、艺术价值、科学价值、社会价值以及文化价值进行客观的定性与定量分析，并详细制定评价内容、分类依据、评价标准、工作流程等，对明长城文化遗产的保护工作尤为关键。

二、明长城文化遗产价值评估框架

价值评估是文化遗产研究、保护、监测与维护等全过程的重要前提与实施依据。文化遗产价值评估的过程主要由文化价值评估、物质实体评估、管理状况评估等三部分组成，其中文化价值评估占据主导（图2-2）。在确定了价值评估框架之后，根据评估顺序即可进行资料收集、分类评价、结果应用等步骤[①]。

原有文化遗产价值评估多以定性评价为主，并不能为之后的保护与研究工作提供具体有效的衡量标准。对明长城的价值判断，应建立在长城防御体系有形与无形文化遗产共同价值的完整认知的基础上进行。研究通过对于长城文化遗产定

---

① MASON R. Assessing Values in Conservation Planning: Methodological Issues and Choices[R]// Marta de la Torre. Assessing the Values of Cultural Heritage. Los Angeles: The Getty Conservation Institute, 2002.

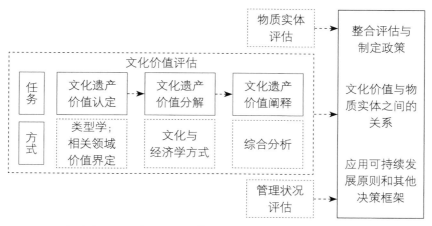

图2-2 文化遗产价值评估基本过程①

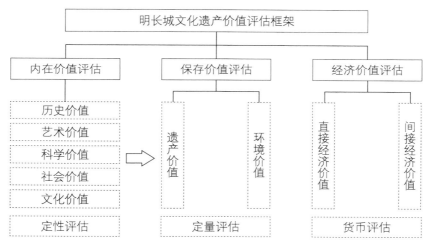

图2-3 明长城文化遗产价值评估框架图

性与定量价值的共同探讨，制定明长城内在价值、保存价值以及经济价值的评估框架，尝试为明长城文化遗产价值评估工作提供实践方法。

明长城防御体系作为一个庞大而复杂的文化遗存，集大量的有形与无形文化遗产于一体，根据其价值属性的复杂性，可将明长城文化遗产价值分为内在价值、保存价值以及经济价值等三方面进行综合分析与评估（图2-3）。

（1）明长城文化遗产内在价值

内在价值即文物本体价值，指文化遗产的突出普遍价值，是对文化遗产进行保护的基本前提和出发点。文化遗产内在价值可以指文化遗产所产生与发展的历

① 改绘自：MASON R. Assessing Values in Conservation Planning: Methodological Issues and Choices[R]// Marta de la Torre. Assessing the Values of Cultural Heritage. Los Angeles: The Getty Conservation Institute，2002.

史时期所赋予其的相关价值。明长城军事防御体系的内在价值包括其历史、艺术、科学、社会以及文化价值等方面，可采用定性评估的方式对其进行价值描述，主要侧重于文化遗产发展历程、真实性与完整性等情况。

（2）明长城文化遗产保存价值

保存价值是对文化遗产的现状价值与保护潜力的价值分析，展示文化遗产历经历史变迁所遗留下来的人类或历史事件造成的历史印迹，并影响至今。保存价值包含遗产价值与环境价值两部分内容，可采用定量评估的方法对明长城军事防御体系的遗产价值以及环境价值分别进行定量评估，侧重于遗产的遗迹遗存、保存与利用现状等内容。其中的遗产价值评估对象包括了明长城本体、防御聚落、驿传和烽传系统以及相关附属遗存几个方面；环境价值评估包含了长城军事防御体系周边的自然环境、社会环境、经济环境以及人文环境等方面。

（3）明长城文化遗产经济价值

经济价值是指文化遗产的内在价值与周边环境相关联所产生的经济收益[①]。对于文化遗产进行经济价值评估是协调文化遗产保护、规划和管理决策之间关系的最直观、有效的评估方法。明长城军事防御体系经济价值评估包含直接经济价值与间接经济价值两方面，以货币为衡量单位对其经济价值进行评估。

第三节　明长城文化遗产内在价值评估

一、明长城文化遗产突出普遍价值认定（OUV）

明长城文化遗产内在价值的评估，是对其文物价值的具体解释，是长城保护与修复工作的前提与基础，也为其今后修复设计与展示利用的工作提供了研究和发展方向。1987年，中国长城被列为世界遗产，联合国教科文组织在《世界遗产名录》中对长城的价值进行认定，认为中国长城满足突出普遍价值评判标准（Outstanding Universal Value）的第Ⅰ条、第Ⅱ条、第Ⅲ条、第Ⅳ条、第Ⅵ条，故全票通过将其列入《世界遗产名录》[②]。

具体的突出普遍价值描述如下所示：

标准Ⅰ：明长城军事防御体系成为毋庸置疑的杰作，不仅体现在它宏大的军事战略思想，也同时体现在其建筑的完美性。长城分布于辽阔的陆地之上，是建筑与景观融合的完美范例。长城可被称为中国乃至世界的古代人类杰作，具有独特的艺术成就。

---

① 苏卉，占绍文，金青梅. 我国文化遗产资源经济价值评估研究——以唐大明宫遗址为例[J]. 价格理论与实践，2014（11）：114-116.
② 突出普遍价值评判标准来自：联合国教科文组织世界文化遗产名录：长城官方价值认定.

标准Ⅱ：春秋时期，中国人运用建造理念和空间组织模式，在北部边境修筑防御工事，修筑长城所产生的人口迁徙加速了中国文化的传播。长城自春秋战国时期修建直至明代末期，对于长城沿线大面积区域的修筑理念的发展、空间组织的进步、建造技艺的提高，以及不同民族的文化传播起到重要作用。

标准Ⅲ：甘肃地区所保存的西汉时期的夯土结构防御工事，以及明代时期所建造的闻名于世的砖石结构防御工事，同样是中国古代文明的独特见证。长城西北地区夯土建造工艺以及华北地区的砖石砌筑工艺，都是长城修建各个时期建造工艺及技艺的独特见证。

标准Ⅳ：长城这个复杂的文化遗产是独特的军事建筑组群，在过去的2000年中军事战略作用单一，但同时它的建造方式随着防御技术的发展和政治背景的演变持续产生适应性变化。长城作为重要的军事建筑文化遗产群，随着历史的不断推进，可以反映不同历史时期的人类军事、政治、经济文化发展状况。

标准Ⅵ：长城在中国历史上有着无与伦比的象征意义。它在防御外敌入侵的同时，也保护了自己的本土文化。同时，其修造过程的困难重重，也成为许多中国古代文学的重要题材。长城因其特殊的防御意义与历史价值，守卫本土文化，串联农耕民族与游牧民族文化，并直接产生大量与长城相关的文学作品，具有特殊文化符号价值。

二、明长城文化遗产内在价值分类评估

对于明长城文化遗产的内在价值，也可以分为历史价值、艺术价值、科学价值、社会价值以及文化价值进行具体的分析与评估。

（1）历史价值

明长城作为完整的军事防御体系，是中国明代军事的重要防御设施，是当时社会、军事、政治的历史见证。明长城军事防御体系，由大量边墙、军事聚落、烽传与驿传系统等共同组成，同时伴有军事政治、屯田贸易、民俗文化等多方面因素。明长城分布于农牧文化的交错地带，是农耕文化与草原文化交流与汇聚之所，是一个集军事防御和民族交融于一体的"秩序带"。战争时期，长城是不同政权之间强有力的防御工事，和平时期长城沿线的军事聚落则成了不同民族之间互通有无、贸易往来的纽带。明长城军事防御体系是北方各民族之间的战争与和平、兴盛与衰落的重要历史见证[①]。

（2）艺术价值

明长城军事防御体系成为毋庸置疑的杰作，不仅体现在它宏大的军事战略思

---

① 曹象明. 山西省明长城沿线军事堡寨的演化及其保护与利用模式[D]. 西安：西安建筑科技大学，2014.

想，也同时体现在其建筑建造的完美性。明长城分布于辽阔雄伟的山川之间，其地理分布、空间布局、建筑形制与自然环境完美结合，因地制宜，相辅相成，是建筑与景观融合的完美范例，充分体现了古代先贤的军事指挥、建造技艺以及审美情趣，不论对当时还是后世都是重要的文化人文景观，具有重要的艺术价值。

（3）科学价值

明长城军事防御体系作为中国历史上最为伟大的防御工事之一，反映了当时最先进的军事思想、防御技术以及科技水平。整个体系整体上管理制度分明，层次体系清晰，具有极高的军事科学研究价值。同时各段边墙、建筑单体与聚落的选址布局、建造技艺、施工工艺等都反映了当时最高的建筑思想与构筑水平，具有重要的科学价值和研究意义。

（4）社会价值

历史上，长城军事防御体系作为重要的人类栖居地，是戍守沿边地区人们重要的生活载体，同时也是社会组织结构和社会关系的重要体现，这些军事聚落在社会经济和文化的影响下持续发展至今，具有重要的社会影响力。当代社会中，明长城的科学保护与展示，可以大大增进公众对于长城历史的认知与理解，提高民众对于长城的保护热情，推动文化遗产保护工作的顺利实施。长城的合理保护与开发，也可带动周边区域经济文化的快速发展。同时，长城作为中华民族历史与文化的重要象征，应更好地展现于世界面前，传承民族精神，传播中华文化。

（5）文化价值

明长城军事防御体系因规模尺度巨大、防御需求特殊，分布范围极其广泛，分布位置也较为特殊，自东向西横跨中国北方大部分区域，且多分布于农牧民族交界处，因此带有多民族、多区域的文化多样性特征。基于明长城防御体系的建设、发展与变迁，明长城沿线也产生了大量的文化活动与文化空间，时至今日，伴随着长城遗迹遗存的保留与发展，形成了珍贵的无形文化遗产得以延续与传承。明长城文化遗产作为重要的文化载体，在保留其有形文化遗产的同时，也保留了独特的文化景观与大量的无形文化遗产，具有珍贵的文化价值。

通过以上对于明长城文化遗产内在价值的定性分析，充分挖掘明长城的历史、艺术、科学、社会与文化价值，所得结论为之后的长城文化遗产研究指出准确的研究与保护方向，力求充分挖掘明长城防御体系的完整价值。

第四节　明长城文化遗产保存价值评估

对于明长城文化遗产的保存价值，即现状价值，包含遗产价值与环境价值两方面内容。明长城保存价值可以采用模糊综合评价法、层次分析法，以及层次分析法与德尔菲法相结合的方式[①]，分别对长城遗产价值和环境价值进行分层次、分等级的定量评估分析，希望得到相应的等级评定结果，直接为之后的保护利用设计工作提供客观的数据支撑和决策支持。

首先，采用模糊综合评价法，根据明长城的遗产特征以及环境特征制定科学合理的评价指标与评价因子；其次，基于层次分析法，根据评价因子制定相应的评价标准与评价等级；最后，根据评估目的以及遗产属性，采用层次分析法与德尔菲法相结合的方式确定权重值，继而计算得到某一区域长城整体或者局部的保存价值评估等级结果。

一、明长城遗产价值评估体系的建立

（一）明长城遗产价值评估指标的确立

根据明长城军事防御体系的整体性与层次性构成特点，明长城遗产价值评估要素包含了明长城本体、防御聚落、驿传与烽传系统以及其他相关遗存等四部分，构成其评估结构，如图2-4所示。各部分评估要素的评价因子主要包括久远度、空间布局、建筑材质、建筑形制、军事作用、无形文化遗产、保存现状等多方面内容。

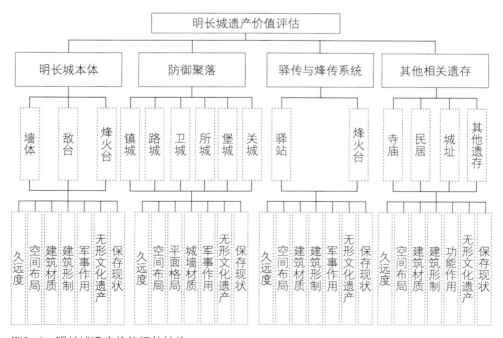

图2-4　明长城遗产价值评估结构

① 刘奕彤. 传统村落价值评估研究[D]. 北京：北京建筑大学，2018.

（二）明长城遗产价值评价因子权重值的确立

不同区域、不同类型长城遗迹的权重值数据可根据长城保护与研究的不同内容与侧重点，进行动态调整。在尊重明长城防御系统整体性与真实性的基础上，根据长城相关历史、政治以及保存现状之间的相互关系，进行该部分评估权重值的动态设定。基于层次分析法对于各部分评价指标的权重值进行确定，具体步骤如下：

（1）设计权重调查问卷，内容为明长城遗产价值评价因子两两对应的价值重要性评判，对于各要素的价值重要性进行赋值，便于统计计算，以长城本体部分为例，选取久远度、空间布局、建筑材质与建筑形制四个评价因子为例，设计权重调查表（表2-1），评价等级1、3、5、7、9分别表示两组评价因子由同等重要、比较重要至极为重要不断递进的等级关系。

明长城本体遗产价值评价因子权重调查表[①]　　　　　　表2-1

评价因子1	评价等级									评价因子2
	9	7	5	3	1	3	5	7	9	
久远度										空间布局
久远度										建筑材质
久远度										建筑形制
空间布局										建筑材质
空间布局										建筑形制
建筑材质										建筑形制

（2）需要选取长城研究与保护工作相关专家，进行权重指标调查问卷的填写，对各组明长城价值评价因子进行重要性评判。

（3）整合专家对于价值评估权重值的选取结果，统计各选项平均值，进行矩阵计算，可以得到各评价要素的权重结果，具体计算如下。将专家权重调查结果的各个平均值以C_{ij}表示，排列形成矩阵，且结果一定满足$C_{ij}=1/C_{ji}$；采用和积法对该矩阵进行计算。

$$首先进行列向量标准化计算，\quad B_{ij}=\frac{C_{ij}}{\sum_{i=1}^{n}C_{ij}}，（i,j=1,2,...,n）\quad （2.1）$$

$$所得结果按并行求和\quad D_i=\sum_{j=1}^{n}B_{ij}，（i,j=1,2,...,n）\quad （2.2）$$

$$取平均值\quad W_i=\frac{D_i}{\sum_{i=1}^{n}D_i}，（i=1,2,...,n）\quad （2.3）$$

---

① 表格改绘自：刘奕彤. 传统村落价值评估研究[D]. 北京：北京建筑大学，2018.

得到 $W = (W_1, W_2, ..., W_n)^{\top}$ 即为所求的特征向量结果，即各评价因子权重值[①]。

同时还需要基于最大特征值 $\lambda_{\max}$ 进行结果验证，当 $\lambda_{\max} = n$，表示矩阵具有一致性，所得权重结果较为准确。当 $\lambda_{\max} > n$ 时，需要进一步进行一致性指标验证，以求得到准确的权重值结果[②]。

$$\lambda_{\max} = \frac{1}{n}\sum_{i=1}^{n}\frac{\sum_{j=1}^{n}\frac{W_i}{W_j}W_j}{W_i}, \ (i, j = 1, 2, ..., n) \qquad (2.4)$$

（4）所得权重值结果，可反馈专家进行权重的修正，或根据长城遗迹遗存的实际状况与保护目的进行动态调整、排序，最终得到较为权威的长城遗产价值评估权重值。

（三）明长城遗产价值评价标准的确立

明长城遗产价值评价标准根据各部分遗产属性的不同，又存在一定的差异性。具体评价标准如表2-2所示，对于明长城军事防御体系各构成部分遗产价值制定相应的评价指标，部分评价内容需要根据评估对象的功能性质、保存状况、保护目的等具体情况差异，制定相应的评价标准。各评价标准的分级评定，根据各评估指标性质的不同分为主观评定与GIS数据量化评定两种形式。本遗产价值评价标准需要与明长城GIS基础信息数据库结合使用，部分评估等级量化结果可由GIS数据库现有资料直接生成，其余等级评价工作需要交由评估人员根据实际情况进行主观判断与等级评定。采用主观与客观相结合的形式进行明长城遗产价值的量化评定，能够更加全面、真实地进行明长城文化遗产的保存价值评估工作。

明长城遗产价值评价标准　　　　　　　　　　表2-2

体系构成	评估要素	评价因子	权重值	评估指标	评价标准
长城本体	墙体	久远度		修建时间	A：明代以前（1368年以前）；B：洪武元年（1368年）至正统十四年（1449年）；C：正统十五年（1450年）至正德十六年（1521年）；D：嘉靖及以后（1522年及之后）
				重修时间	A：明代；B：清代；C：民国；D：中华人民共和国成立之后
		空间布局		位置选址	A：与山势关系紧密；B：与河流关系紧密；C：与城市关系紧密
				布局形式	A：规则形状布局；B：不规则形状布局

---

① 苏炜，汪菁，吴小柏，等. 应用层次分析法确定现有建筑价值评估中影响因素的权重[J]. 河南科学，1999（2）：93-97.
② 邓丽华. 基于AHP的茶马古道云南段文化遗产廊道构建研究[D]. 昆明：云南师范大学，2015.

续表

体系构成	评估要素	评价因子	权重值	评估指标	评价标准
长城本体	墙体	建筑材质		材质类型	A：夯土；B：石材；C：砖
				材质品质	A：非常坚固；B：比较坚固；C：比较脆弱；D：一般脆弱
		建筑形制		边墙类型	A：土墙；B：石墙；C：砖墙；D：木障墙；E：山险墙；F：界壕；G：其他
				修筑级别	A：规制高；B：规制低
		军事作用		建筑功能	A：防御；B：屯兵；C：互市
				军事等级	A：险；B：缓
		无形文化遗产		建造技艺	记录相关信息
				典故传说	记录相关信息
				制度规范	记录相关信息
				与长城的依存度	A：依存度高；B：依存度一般；C：依存度较低
		保存现状		保存状况	A：保存完好；B：保存一般；C：破坏严重；D：基本无存
				破坏因素	A：风雨侵蚀；B：植物破坏；C：地质灾害；D：人为拆毁；E：旅游破坏
	敌台（墙台）	久远度		修建时间	A：明代以前（1368年以前）；B：洪武元年（1368年）至正统十四年（1449年）；C：正统十五年（1450年）至正德十六年（1521年）；D：嘉靖及以后（1522年及之后）
				重修时间	A：明代；B：清代；C：民国；D：中华人民共和国成立之后
		空间布局		位置选址	A：与山势关系紧密；B：与河流关系紧密；C：与城市关系紧密
				与长城关系	A：位于长城线上；B：长城线一侧
		建筑材质		材质类型	A：夯土；B：石材；C：砖
				材质品质	A：非常坚固；B：比较坚固；C：比较脆弱；D：一般脆弱
		建筑形制		平面布局	A：土墙；B：石墙；C：砖墙；D：木障墙；E：山险墙；F：界壕；G：其他
				结构类别	A：空心敌台（平顶木结构式、筒拱式、中心式）；B：实心敌台
				门窗规格	记录精细程度
				建造技术	记录相关信息
		军事作用		建筑功能	A：防御；B：屯兵；C：互市
				军事等级	A：险；B：缓

体系构成	评估要素	评价因子	权重值	评估指标	评价标准
长城本体	敌台（墙台）	无形文化遗产		建造技艺	记录相关信息
				典故传说	记录相关信息
				制度规范	记录相关信息
				与长城的依存度	A：依存度高；B：依存度一般；C：依存度较低
		保存现状		破坏程度	A：保存完好；B：保存一般；C：破坏严重；D：基本无存
				破坏因素	A：风雨侵蚀；B：植物破坏；C：地质灾害；D：人为拆毁；E：旅游破坏
防御聚落	镇城路城卫城所城堡城	久远度		建制时间	A：明代以前（1368年以前）；B：洪武元年（1368年）至正统十四年（1449年）；C：正统十五年（1450年）至正德十六年（1521年）；D：嘉靖及以后（1522年及之后）
				重修时间	A：明代；B：清代；C：民国；D：中华人民共和国成立之后
				历史演变	记录相关信息
		空间布局		位置选址	A：与山势关系紧密；B：与河流关系紧密；C：与城市关系紧密
				与长城关系	A：与长城墙体距离较近；B：与长城墙体距离较远
		平面格局		街巷布局	A：鱼骨形街道；B：十字形街道；C：一字形街道
				功能分区	记录相关信息
				建筑类型	A：建筑类型齐全；B：建筑类型比较齐全；C：建筑类型比较单一
				城墙修筑形制	A：正方形；B：矩形；C：菱形；D：多边形；E：不规则形
				建造技术	记录相关信息
				城池防御性能	记录相关信息
		城墙材质		墙体材料类型	A：夯土；B：石材；C：砖
				墙体材料品质	A：非常坚固；B：比较坚固；C：比较脆弱；D：一般脆弱
		军事作用		军事级别	A：镇城；B：路城；C：卫城；D：所城；E：堡城
				管辖范围	记录相关信息
				驻军数量	驻军规模
				功能复合性	A：防御；B：屯兵；C：互市

体系构成	评估要素	评价因子	权重值	评估指标	评价标准
防御聚落	镇城 路城 卫城 所城 堡城	无形 文化遗产		建造技艺	记录相关信息
				手工技能	记录相关信息
				民间艺术	记录相关信息
				民俗乡约	记录相关信息
				典故传说	记录相关信息
				制度规范	记录相关信息
				与长城的 依存度	A：依存度高；B：依存度一般；C：依存度较低
		保存现状		破坏程度	A：保存完好；B：保存一般；C：破坏严重；D：基本无存
				遗迹数量	记录相关信息
				破坏因素	A：风雨侵蚀；B：植物破坏；C：地质灾害；D：人为拆毁；E：旅游破坏
				当前用途	A：地级市；B：县；C：镇；D：村；E：荒芜
	关隘	久远度		修建时间	A：明代以前（1368年以前）；B：洪武元年（1368年）至正统十四年（1449年）；C：正统十五年（1450年）至正德十六年（1521年）；D：嘉靖及以后（1522年及之后）
				重修时间	A：明代；B：清代；C：民国；D：中华人民共和国成立之后
		空间布局		位置选址	A：与山势关系紧密；B：与河流关系紧密；C：与城市关系紧密
				与长城关系	A：与长城墙体距离较近；B：与长城墙体距离较远
		平面格局		城墙修筑形制	A：正方形；B：矩形；C：菱形；D：多边形；E：不规则形
				建造技术	记录相关信息
				城池防御性能	记录相关信息
		城墙材质		墙体材料类型	A：夯土；B：石材；C：砖
				墙体材料品质	A：非常坚固；B：比较坚固；C：比较脆弱；D：一般脆弱
		军事作用		建筑功能	A：防御；B：屯兵；C：互市
				驻军数量	军队规模

体系构成	评估要素	评价因子	权重值	评估指标	评价标准
防御聚落	关隘	无形文化遗产		建造技艺	记录相关信息
				典故传说	记录相关信息
				制度规范	记录相关信息
				与长城的依存度	A：依存度高；B：依存度一般；C：依存度较低
		保存现状		破坏程度	A：保存完好；B：保存一般；C：破坏严重；D：基本无存
				遗迹数量	记录相关信息
				破坏因素	A：风雨侵蚀；B：植物破坏；C：地质灾害；D：人为拆毁；E：旅游破坏
				当前用途	A：地级市；B：县；C：镇；D：村；E：荒芜
驿传烽传系统	驿站	久远度		修建时间	A：明代以前（1368年以前）；B：洪武元年（1368年）至正统十四年（1449年）；C：正统十五年（1450年）至正德十六年（1521年）；D：嘉靖及以后（1522年及之后）
				重修时间	A：明代；B：清代；C：民国；D：中华人民共和国成立之后
		空间布局		位置选址	A：与山势关系紧密；B：与河流关系紧密；C：与城市关系紧密
				与长城关系	A：位于长城内侧；B：长城外侧；C：与长城线相连
				与驿路关系	记录相关信息
		建筑材质		材质类型	A：夯土；B：石材；C：砖
				材质品质	A：非常坚固；B：比较坚固；C：比较脆弱；D：一般脆弱
		建筑形制		平面布局	记录相关信息
				结构类别	记录相关信息
				门窗规格	记录相关信息
				建造技术	记录相关信息
		功能作用		建筑功能	A：屯兵；B：驿站；C：信息传递
				驿站等级	记录相关信息
		无形文化遗产		建造技艺	记录相关信息
				典故传说	记录相关信息
				制度规范	记录相关信息
				与长城的依存度	A：依存度高；B：依存度一般；C：依存度较低

体系构成	评估要素	评价因子	权重值	评估指标	评价标准
驿传烽传系统	驿站	保存现状		破坏程度	A：保存完好；B：保存一般；C：破坏严重；D：基本无存
				破坏因素	A：风雨侵蚀；B：植物破坏；C：地质灾害；D：人为拆毁；E：旅游破坏
	烽火台	久远度		修建时间	A：明代以前（1368年以前）；B：洪武元年（1368年）至正统十四年（1449年）；C：正统十五年（1450年）至正德十六年（1521年）；D：嘉靖及以后（1522年及之后）
				重修时间	A：明代；B：清代；C：民国；D：中华人民共和国成立之后
		空间布局		位置选址	A：与山势关系紧密；B：与河流关系紧密；C：与城市关系紧密
				与长城关系	A：位于长城内侧；B：长城外侧；C：与长城线相连
				与烽传路线关系	记录相关信息
		建筑材质		材质类型	A：夯土；B：石材；C：砖
				材质品质	A：非常坚固；B：比较坚固；C：比较脆弱；D：一般脆弱
		建筑形制		平面布局	记录相关信息
				结构类别	A：空心；B：实心
				门窗规格	记录相关信息
				建造技术	记录相关信息
		军事作用		建筑功能	A：防御；B：屯兵；C：信息传递
				烽传等级	记录相关信息
		无形文化遗产		建造技艺	记录相关信息
				典故传说	记录相关信息
				制度规范	记录相关信息
				与长城的依存度	A：依存度高；B：依存度一般；C：依存度较低
		保存现状		破坏程度	A：保存完好；B：保存一般；C：破坏严重；D：基本无存
				破坏因素	A：风雨侵蚀；B：植物破坏；C：地质灾害；D：人为拆毁；E：旅游破坏

续表

体系构成	评估要素	评价因子	权重值	评估指标	评价标准
相关遗存	寺庙、民居、城址	久远度		修建时间	A：明代以前（1368年以前）；B：洪武元年（1368年）至正统十四年（1449年）；C：正统十五年（1450年）至正德十六年（1521年）；D：嘉靖及以后（1522年及之后）
				重修时间	A：明代；B：清代；C：民国；D：中华人民共和国成立之后
		空间布局		位置选址	A：与山势关系紧密；B：与河流关系紧密；C：与城市关系紧密
				与长城关系	A：位于长城内侧；B：长城外侧；C：与长城线相连
		建筑材质		材质类型	A：夯土；B：石材；C：砖
				材质品质	A：非常坚固；B：比较坚固；C：比较脆弱；D：一般脆弱
		建筑形制		平面布局	记录相关信息
				结构类别	记录相关信息
				建筑规格	记录相关信息
				建造技术	记录相关信息
		功能作用		建筑功能	记录相关信息
				建筑等级	记录相关信息
		无形文化遗产		建造技艺	记录相关信息
				民俗乡约	记录相关信息
				典故传说	记录相关信息
				与长城的依存度	A：依存度高；B：依存度一般；C：依存度较低
		保存现状		破坏程度	A：保存完好；B：保存一般；C：破坏严重；D：基本无存
				破坏因素	A：风雨侵蚀；B：植物破坏；C：地质灾害；D：人为拆毁；E：旅游破坏

二、明长城环境价值评估体系的建立

2005年国际古迹遗址理事会（ICOMOS）发表《西安宣言》[①]，对文化遗产的周边环境价值的认知提升到一个新的高度，强调了周边环境对于古迹遗址的独特性

---

① 2005年10月，国际古迹遗址理事会（ICOMOS）第十五届大会于西安召开，并发表《西安宣言》，旨在保护在不断变化的城镇和自然景观中的文化遗产古迹遗址及其周边环境。

及重要性，因此需要对遗产周边环境进行详细的记录、研究、保护规划以及监控管理。

　　明长城军事防御体系环境价值评估流程、计算方法与遗产价值评估基本一致，评估框架内容与各部分评价指标因评估类型的不同存在显著差异。其评估结构如图2-5所示。环境价值评估因为涉及与遗产相关的周边环境的自然、社会、经济以及人文等多方面因素，需要综合各交叉学科背景的不同知识，进行评价指标与评价标准的制定工作[①]。

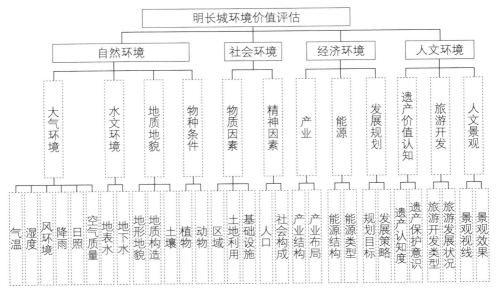

图2-5　明长城环境价值评估结构

　　表2-3为明长城环境价值评估指标，展示对于明长城环境价值的评估内容的设定。自然环境中涉及与遗产相关的大气环境、水文环境、地质地貌、物种条件等多方面因素，社会环境包含了周边社会的物质与精神因素，经济环境包含了影响文化遗产的产业、能源、发展规划等方面，而人文环境则包括了遗产价值认知、旅游开发以及人文景观等相关内容，每个部分又有其特有的评估指标，需要根据保护内容进行详细的信息收集与评估工作。环境价值评估大部分内容均可根据当地实际的环境状况进行客观评定，评定数据可结合明长城GIS基础信息数据库直接生成评价等级结果，其余部分的评价工作同样需要评估人员根据实际情况进行主观判断的等级评定工作。

---

① 北京市颐和园管理处，等. 颐和园遗产监测报告2013-2014[M]. 天津：天津大学出版社，2015.

明长城环境价值评估指标

表2-3

体系构成	评估要素	评价因子	权重值	评估指标
自然环境	大气环境	气温		全年最高气温
				全年最低气温
				全年平均气温
		湿度		全年最高湿度
				全年最低湿度
				全年平均湿度
		风环境		全年主导风向
				全年最大风速
				全年平均风速
		降雨		全年最大降雨量
				全年平均降雨量
		日照		全年最高日照量
				全年平均日照量
		空气质量		大气污染类型
				主要污染物
				污染源
				污染程度
	水文环境	地表水		水域功能
				水体保护目标
				水质
				水资源量
		地下水		水流深度
				水体保护目标
				水质
				水资源量
	地质地貌	地形地貌		地貌类型
				地貌分布特点
		地质构造		地质构造类型
				地质分区
				矿产储备类型
				地质承载强度
		土壤		土壤应用功能
				土壤保护目标
				土壤污染程度
	物种条件	植物		植被用途
				植被种类
				植物生长态势
				对文物影响
		动物		常见动物种类
				野生动物种类
				动物对遗产影响

体系构成	评估要素	评价因子	权重值	评估指标
社会环境	物质因素	区位		区域类型
				区域规划布局
		土地利用		土地利用性质
				土地性质变化
				建筑密度
				建筑类型
		基础设施		交通设施
				公共服务设施
	精神因素	人口		人口规模
				人口密度
				人口分布
		社会构成		人口结构
				城乡结构
经济环境	产业			产业结构
				产业类型
				产业布局
				产业密度
	能源			能源结构
				能源类型
	发展规划			规划目标
				发展策略
人文环境	遗产价值认知			遗产认知度
				遗产保护意识
	旅游开发			旅游开发类型
				旅游发展状况
	人文景观			植物景观质量
				景观视线
				宏观景观效果
				局部景观效果

三、明长城保存价值评估的过程与结论

依据保护对象的实际情况以及保护目的的不同，调整完评价体系和评估标准之后，即可进行下一步的长城保存价值评估工作。作为一种定量的客观评价方式，需要在全面调研与记录的基础上进行填写、分析、计算与评估工作。可结合明长城军事防御体系基础信息数据库的相关数据，进行价值评估表格的填写，调整各部分评估因子的权重比例，通过计算，可得到相应的各评估因子与指标的分数与等级结果。

文物保存价值的定量评估可以弥补遗产定性价值评估的不足，提升价值评估的实用性与操作性。明长城防御体系保存价值的评估结果可直接用于指导建筑遗

产的保护分级工作，为下一步的保护规划发展提供客观依据。充分挖掘文物价值与潜力，使文物价值评估工作更为全面与合理，在遵照文化遗产完整性与真实性的前提下，科学、有效地采取保护措施。

第五节　明长城文化遗产经济价值评估

明长城文化遗产经济价值评估可以在假想市场情况下，直接调查或询问人们对长城文化遗产价值的支付意愿，或者对其残损的保护修复意愿，将大众对长城军事防御体系的保护和消费意愿量化，以推算其经济价值[①]。

一、明长城经济价值调查问卷设计

对于明长城军事防御体系的经济价值评估，可采用条件价值评估法（CVM），通过问卷调查的形式对部分地区长城进经济价值调查分析。问卷编写要求有如下几个方面：第一部分需要简单明确地介绍文化遗产的相关背景，包括被调查文化遗产的概况、文化价值、保护意义等，同时需要附上文化遗产的历史与现状照片，以示对比，表达该文化遗产保护的重要性及必要性；第二部分为受访者基本信息；第三部分为受访者长城参观信息，作为该长城经济价值调查问卷的基础内容与后期分析的控制条件；第四部分为问卷核心内容，了解受访者对于长城价值的直观认知以及以货币价值为衡量标准的支付意愿。本调查问卷于北京、天津、河北地区长城景区周边与互联网上同时进行了试发放，调查问卷内容通过统计分析，最终可获得该区域民众最终支付意愿的统计结果。表2-4为北京居庸关地区的明长城经济价值调查问卷的部分示意。完整问卷内容见附录。

二、明长城经济价值调查结果统计分析

此次明长城军事防御体系经济价值评价问卷调查，作为试点主要发放于北京居庸关长城、天津黄崖关长城、河北徐流口长城以及互联网问卷调查端口等，共计发放问卷92份，回收有效问卷76份。问卷发放工作主要处于冬季，长城山区天气寒冷，夏季调研过程中进行了少部分补发工作，由于暴晒，出现受访地区游客及当地居民相对较少的情况，存在样本不足等问题，但对现有问卷回收结果进行初步分析，已经可见部分有效结果，具有一定的统计学意义。下面选取重点数据进行详细分析。

---

① 崔卫华，郭玮. 意愿调查法在我国遗产资源价值评价领域的应用与研究进展[J]. 经济地理，2013，33（4）：168-173.

明长城军事防御体系经济价值评价问卷调查

个人基本信息

（1）性别：男□　　　女□

（2）年龄：18岁以下□　　　18-25岁□　　　26-40岁□　　　41-60岁□　　　60岁以上□

（3）婚姻状况：未婚□　　　已婚□

（4）子女状况：无□　　　有□　　　数量_____

（5）年收入：0-5万□　　　5万-10万□　　　10万-15万□　　　15万以上□

（6）文化程度：初中及以下□　　　高中□　　　大专（高职）□　　　本科□　　　硕士□　　　博士□

（7）所生活的城市是否有长城遗迹：是□　　　否□　　　您来自省市_____

参观信息

（1）您曾去长城景区或遗址参观过_____次，您在长城遗址停留了_____小时。

（2）您到长城旅游的花费总额是_____元/人/天。

（3）如果有机会，您是否愿意再长城参观？　　　是□　　　否□

（4）您觉得长城的参观经历和您预想的是否一致？　　　非常一致□　　　比较一致□　　　不太一致□

（5）您是否参观过长城景区周边的其他景区？
　　　　是□，景区名称_____　否□

（6）您觉得对于长城的参观是否满意？　　　非常满意□　　　一般□　　　不满意□

（7）您认为长城遗址的保护情况如何？
　　　　基本保存完好□　　　一般，有部分破损□　　　很差，破损严重□

价值认知

（1）您在参观之前是否对长城有一定的了解？
　　　　没有了解□　　　部分了解□　　　相当了解□

（2）您认为将长城作为世界文化遗产保护是否需要？
　　　　不需要□　　　一般需要□　　　非常需要□

（3）存在价值：不出于任何利己的考虑，您是否愿意捐助一定金额，保护长城的存在。
　　　　是□　　　否□
　　　　如果愿意，您接受的捐助金额是　　　5-10元□　　　10-50元□　　　50-100元□　　　100元以上□

（4）选择价值：您是否愿意捐助一定金额，使长城得以长时间地保存，以便您将来的参观。
　　　　是□　　　否□
　　　　如果愿意，您接受的捐助金额是　　　5-10元□　　　10-50元□　　　50-100元□　　　100元以上□

（5）遗产价值：您是否愿意捐助一定金额，让子孙后代也能看到长城文化遗产。
　　　　是□　　　否□
　　　　如果愿意，您接受的捐助金额是　　　5-10元□　　　10-50元□　　　50-100元□　　　100元以上□

（6）如果您不愿意做出一定捐助，原因是什么？
　　　　□保护长城是国家和政府的责任
　　　　□没有可靠的捐助途径
　　　　□个人捐助并不解决问题
　　　　□我目前没有能力支付这些费用
　　　　□我不能从中获得好处
　　　　□认为保护这些遗产不重要
　　　　□其他原因

个人基本信息部分，76位受访者的年龄、学历以及年经济收入状况如图2-6～图2-8所示。由该调查结果可以看出，受访者中青年及中年人超过90%，各年龄段分布较为平均，具有一定代表性；受访者中本科学历的为36.8%，19.7%为硕士，15.8%为博士，故有超过50%的受访者为本科及以上学历，与社会总体基本学历分布状况存在一定偏差；年收入方面，约51.3的受访者收入为5万元以下，与受访者半数为学生有很大关系，个人年收入超过15万元的受访者占比25%。受访者的基本情况，或多或少都会对支付意愿的调查结果产生一定影响。

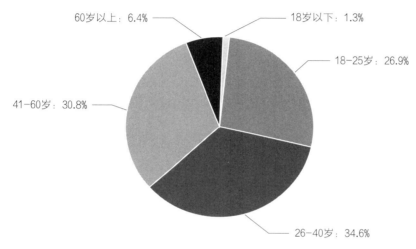

图2-6 明长城经济价值调查问卷受访者年龄分布统计图

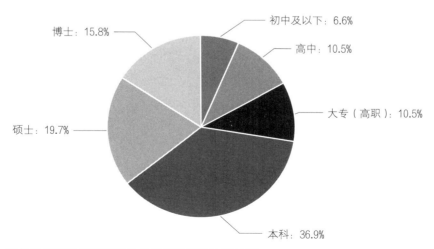

图2-7 明长城经济价值调查问卷受访者学历分布统计图

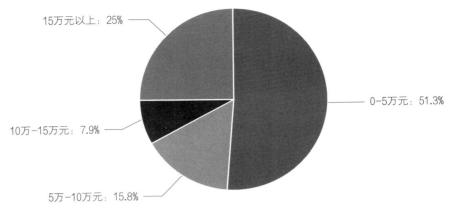

图2-8 明长城经济价值调查问卷受访者年收入分布统计图

明长城认知情况统计结果　　　　　　　　表2-5

	平均值	标准差	3	2	1
预期符合度	1.986	0.4998	11.8%	75%	13.2%
满意度	2.343	0.5514	38.2%	57.9%	3.9%
保存状况	2.315	0.5669	36.8%	57.9%	5.3%
了解程度	1.888	0.552	10.5%	68.1%	21.1%
保护需求	2.947	0.2233	94.7%	5.3%	0

　　通过对于长城参观信息的统计分析,可以了解受访者对于长城文化遗产的满意度,明长城认知情况,统计结果如表2-5所示。统计结果分析如下:长城的参观经历与预想符合程度,"3"为非常一致,"2"为比较一致,"1"为不太一致,可以看出超过3/4的受访者认为长城文化遗产现状与预期存在一定出入,但基本符合预期;对于长城参观的满意度,"3"为非常满意,"2"为一般,"1"为不满意,38.2%的受访者满意此次长城参观,超过半数的受访者对长城的参观旅程存在部分意见,但基本满意;对于长城遗址保存状况的评价,"3"为基本保存完好,"2"为一般,有部分破损,"1"为很差,破损严重,由于问卷发放区域大部分为基本修复的长城景区,所以超过30%受访者认为长城保存情况较好,57.9%的受访者认为长城保存状况一般,仅局部破损,与长城实际保存情况存在一定出入;参观之前,对长城的了解程度,"3"为相当了解,"2"为部分了解,"1"为没有了解,仅有10%的受访者认为自己对长城文化遗产非常了解,而超过20%的受访者认为在参观长城之前对于长城的基本背景一无所知;长城作为世界文化遗产是否有保护需求,"3"为非常需要,"2"为一般需要,"1"为不需要,几乎全

部的受访者都认为长城文化遗产需要得到科学的保护。通过分析结果，我们可以基本了解受访者对于长城文化遗产的认知与态度，目前，广大民众的长城保护意识逐渐增强，但长城文化遗产的背景知识普及与价值宣传工作任重道远。

明长城文化遗产保护的支付意愿统计结果　　　　　　　　　表2-6

价值类型	1	2	5~10元	11~50元	51~100元	>100元	平均金额（元）
存在价值	85.5%	14.5%	24.6%	24.6%	33.9%	16.9%	51.84
选择价值	85.5%	14.5%	24.6%	20%	38.5%	16.9%	53.91
遗产价值	86.8%	13.2%	21.3%	24.2%	31.8%	22.7%	55.68

受访者对明长城文化遗产保护的支付意愿统计结果如表2-6所示，其中"1"为愿意支付，"2"为不愿意支付，受访者中愿意为明长城文化遗产的存在价值、选择价值以及遗产价值进行支付的概率分别为85.5%、85.5%以及86.8%，绝大多数受访者愿意资助部分金额用于明长城文化遗产的保护与修复工作。平均支付意愿金额（WTP）[①]分别为51.84元、53.91元与55.68元，统计按照各档支付意愿金额的中位数进行金额统计。从各类型支付意愿的金额分布可以看出，受访者对于长城文化遗产保护所愿意支付的金额数量存在明显差异，捐赠金额从5元至100元及以上均有分布，可见受访者对于长城的珍贵性价值认知存在明显差异。最终得出在愿意支付金额用以保护长城文化遗产的受访者中，总平均支付意愿约为53.81元/人。

以上统计结果对本地区长城保护与发展的经济投入与运营具有一定的参考意义。实际上通过受访人群基本信息的比例控制计算可得到更为准确的支付意愿均值，受访者的年龄、收入、受教育程度等因素都对于平均支付意愿产生直接影响。由于本轮问卷调查样本基数较少，影响因素准确性有限，故不做进一步的数据调整分析。通过各地区长城周边人口与年均游览人数的总体计算，得到支付意愿的总量金额，可用于相关地区下一步的长城保护与利用工作的资金投入与维护。

同时，调查显示在不愿意进行长城保护支付的受访者中（图2-9），约有36.6%的人认为保护长城应是国家和政府的责任，24.4%的人认为个人捐助解决不了长城保护的根本问题，而19.5%的人认为没有有效可靠的捐助途径，这些问题可作为相关管理部门在未来长城保护政策制定的重要参考。

---

① 受访者对于该文化遗产资源的支付意愿（Willingness to Pay）。

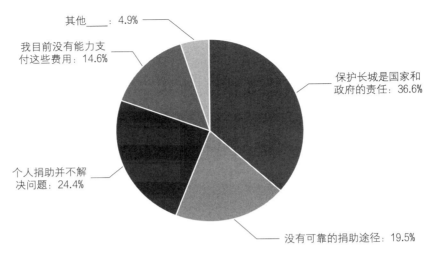

其他____：4.9%

我目前没有能力支付这些费用：14.6%

保护长城是国家和政府的责任：36.6%

个人捐助并不解决问题：24.4%

没有可靠的捐助途径：19.5%

图2-9　明长城经济价值调查问卷受访者不愿意支付原因统计图

　　通过货币的方式进行经济价值评估，衡量文化遗产经济价值，可以直接为政府对于遗产保护工作的经济支持提供决策性依据，评估结果对于长城的修复拨款数额具有较高的参考性，同时为部分长城景区的门票价格提供较为准确的指导性数据。全面评估明长城军事防御体系的使用价值与非使用价值可以提高各地对于长城文化遗产管理的科学性与准确性，在保护好长城的同时，希望能够促进当地经济在文化遗产合理保护与利用下的稳步增长。

第三章　明长城整体性保护方法研究

第一节　基于文化遗产完整性与真实性的长城保护原则

世界文化遗产保护的突出普遍价值、真实性、完整性等相关理念，随着申请世界文化遗产的热潮逐渐在中国普及，并随着文化遗产保护工作的发展，不断加深大众对这些概念的理解与认知。究竟何种方式才是对于文化遗产的真实性与完整性保护，一直被学界广泛探讨。明长城的真实性与完整性保护究竟应该体现在哪些方面，也需要进一步明确。

一、完整性保护概念

文化遗产真实性概念最早出现于1964年所颁布的《威尼斯宪章》[①]之中：古迹遗址作为特殊的保护对象，必须确保其完整性，同时确保其清洁与呈现方式的恰当性。"Integrity（完整性）"的概念也首次出现。2005年之后修订的《实施世界遗产公约的操作指南》[②]中指出："完整性用来衡量自然和/或文化遗产及其特征的整体性和无缺憾性。"因而世界文化遗产的申请应该符合："包括所有表现其突出的普遍价值的必要因素；面积足够大，确保能完整地代表体现遗产价值的特色和过程；受到发展的负面影响和/或缺乏维护"等特征。2005年发布的《西安宣言》[③]指出：文物古迹及历史区域的周边环境是文化遗产的重要组成部分，具有其独特性与影响力，包含了众多遗产与周边环境相关的有形与无形文化遗产，从而进一步扩展了文化遗产"完整性"的定义。

《中国文物古迹保护准则》[④]第11条明确解释了"完整性"的内涵，"文物古迹的保护是对其价值、价值载体及环境等体现文物古迹价值的各个要素的完整保护。文物古迹在历史演化过程中形成的包括各个时代特征、具有价值的物质遗存都应得到尊重"。即对于所有体现文化遗产价值的要素进行全面保护才是真正的"完整性"保护，"完整性"须体现在文化遗产认定、制定保护规划、保护管理、实施保护规划、监督体系以及公众参与的全过程之中。文化遗产的完整性保护包括了文化遗产空间范围的完整保护，包含古迹遗址、历史聚落、周边环境、无形

① 威尼斯宪章（保护文物建筑及历史地段的国际宪章）[Z]．第二届历史古迹建筑师及技师国际会议，1964．
② 联合国教育、科学及文化组织保护世界文化遗产和自然遗产政府间委员会．实施世界遗产公约的操作指南[M]．北京：文物出版社，2014．
③ 西安宣言[Z]．国际古迹遗址理事会（ICOMOS）第十五届大会，2005．
④ 国际古迹遗址理事会中国国家委员会．中国文物古迹保护准则[Z]．2002．

文化遗产等，同时完整性保护也应该体现于时间范围上，包含不同历史时期对于文化遗产所遗留下的痕迹与影响等内容。

二、真实性保护概念

文化遗产真实性概念同样最早出现于《威尼斯宪章》①之中，首次提到遗产保护中"Authenticity（真实性）"的需求，并指出"将遗产信息的真实性传承下去是我们的责任"。1994年，《奈良真实性文件》②提出了以文化多样性与遗产多样性为背景的文化遗产真实性的探讨，并指出对于文化遗产的保护应该保护其所有形式与历史时期的遗产价值，文化遗产的真实性与遗产形制、材料、功能、技艺、环境以及非物质遗产等多方面因素都存在关联，需要从艺术、历史、社会、科学等多方面进行研究与保护。

"Authenticity"一词，可翻译为"真实性"或"原真性"，但都不足以全面概括其完整含义。《中国文物古迹保护准则》③对于真实性的解释是"指文物古迹本身的材料、工艺、设计及其环境和它所反映的历史、文化、社会等相关信息的真实性。对文物古迹的保护就是保护这些信息及其来源的真实性。与文物古迹相关的文化传统的延续同样也是对真实性的保护。"真实性保护是指在对于文化遗产进行整体认知的基础之上，对于文物古迹以及相关文化多样性的共同保护，包含有形与无形文化遗产两方面内容，是物质实体与活态文化的共同保护。《中华人民共和国文物保护法》④中提出"不改变文物原状"的基本原则，事实上，"原状"与"真实性（原真性）"概念存在明显差异，遗产保护需要做到的是保护一个历史过程，而非特定的历史形态⑤。因此"真实性"保护的概念应该是建立在尊重文化多样性、尊重历史各个阶段史实的基础之上。

三、明长城防御体系完整性与真实性保护原则

（一）明长城防御体系完整性保护原则

明长城的完整性保护需要建立在对于明长城防御体系整体性认知的基础上。长城文化遗产是一个由点（关堡、烽火台、驿站）、线（长城本体、信息传递线路）、带（军事防御、文化交流及物资交换所在的长城防区）、层次体系（防御

---

① 威尼斯宪章（保护文物建筑及历史地段的国际宪章）[Z]. 第二届历史古迹建筑师及技师国际会议，1964.
② 奈良真实性文件[Z]. 奈良真实性会议，1994.
③ 国际古迹遗址理事会中国国家委员会. 中国文物古迹保护准则[Z]. 2002：第10条.
④ 全国人民代表大会常务委员会. 中华人民共和国文物保护法（2017年修正本）[Z]. 2017.
⑤ 阮仪三，李红艳. 真伪之间：何谓真正的城市遗产保护[M]. 上海：同济大学出版社，2016.

体系的层级关系）构成的地理尺度的空间实体和文化遗存，是一个集军事防御和民族交融于一体的"秩序带"，一个反映我国历朝历代政治、军事、经济、文化、环境的多层次、立体化、系统性的"综合体"。[①] 对于明长城的完整性保护，要从防御体系这个概念出发，不仅要保护普通认知上的长城墙体与防御工事，更要保护与其密切相关、数量众多的军事防御聚落和密布交织的驿传与烽传系统；在保护长城物质实体相关的有形文化遗产的同时，更要保护长城依托的自然环境与人文环境，与长城直接或间接相关的无形文化遗产理应得到整体性的保护。

（二）明长城防御体系真实性保护原则

明长城的真实性保护需要建立在尊重明长城防御体系真实建设与历史发展的基础上。明长城的真实性保护要遵循：整体保护—管理区段的划分—防御体系的层次体系的保护—长城本体及军事聚落的保护，即整体—区域（分区）—层次体系—防御工事单体，这样一个从整体到单体的保护框架。基于系统论的明长城军事防御体系遗产认知是长城真实性保护的具体体现。明长城军事防御体系作为完整而复杂的系统，需要厘清明长城防御体系的总体结构、构成要素与外部环境之间的相互关系，要素之间相互关联构成了一个不可分割的整体，长城防御体系的各要素是整体中的重要组成部分，不可单独评判[②]。长城防御体系之中任何古迹遗址或文化要素都不是单独存在的，遗产价值评估与保护工作需要基于长城军事防御体系的系统层级进行界定与执行。此外长城的真实性保护还应体现于保护长城遗址周边环境的残存风貌与历史遗迹，保护长城文化带的历史变迁与文化发展特征等内容。

第二节　明长城文化遗产保护总体原则

一、明长城文化遗产保护相关法规条例

明长城防御体系的保护与修复工作自2005年以来，受到了国家的高度重视，"长城保护工程（2005—2014年）"总体工作方案的颁布确定了长城保护总体方案，启动了长城资源调查与认定工作，长城保护工作全面展开。2005年至今，中央国务院以及国家文物局等相关部门颁发的长城各项法律法规与保护办法，确定了长城总体保护、管理、监测、利用办法与长城文化遗产总体性保护原则，同时为长城保护与管理提供了相关法律依据与规范条例。

长城相关法规条例及其主要内容如表3-1所示。

---

① 李严，张玉坤，李哲. 明长城防御体系与军事聚落研究[J]. 建筑学报，2018（5）：69-75.
② 天津大学六合建筑工作室长城研究课题组科技支撑计划课题"明长城整体性研究与保护规划示范——以京津冀地区为例"结题报告，子课题2.

长城保护相关法规条例汇总表　　　　　　　　表3-1

编号	法规条例	时间	条例主要内容
1	《"长城保护工程（2005—2014年）"总体工作方案》	2005年11月	国务院颁布《"长城保护工程（2005—2014年）"总体工作方案》，旨在对长城文化遗产展开摸清资源家底、编制保护规划、厘清管理制度、明确保护责任、开展科学教育、深入理论研究、制定修缮计划、加强法治监管、提高经费投入等方面的保护工作实施
2	《长城保护条例》	2006年10月	中华人民共和国国务院令第476号颁布《长城保护条例》，是中国首部长城保护专项法规，目的在于加强长城保护，规范长城利用
3	《长城资源调查工作手册》	2007年4月	国家文物局与测绘局共同颁布的《长城资源调查工作手册》，用以在长城资源调查的工作过程中获取完整、科学、有效的长城资料
4	《长城"四有"工作指导意见》	2014年2月10日	国家文物局颁发的《长城"四有"工作指导意见》对长城保护范围、保护标识、记录档案、保护机构与人员等四个方面提出指导意见，落实与规范"四有"管理机制
5	《长城保护维修工作指导意见》	2014年2月10日	国家文物局颁发的《长城保护维修工作指导意见》提出了长城维修工作基本原则，规范维修工程立项、勘察设计、工程技术措施等相关工作要求
6	《长城执法巡查管理办法》	2016年1月25日	国家文物局颁布的《长城执法巡查管理办法》规定各级文物主管单位需要遵循"整体保护、属地管理"的原则对长城展开一定次数的巡查工作，建立巡查档案，通过长城资源信息管理系统实现信息共享
7	《长城保护员管理办法》	2016年1月25日	国家文物局颁布的《长城保护员管理办法》规定在未能设置长城保护机构的偏远地区，可以聘请长城保护员对长城实行巡查及看护工作，并规范了长城保护员的具体职责、奖惩机制等
8	《长城保护规划编制指导意见》	2016年10月	国家文物局颁布的《长城保护规划编制指导意见》明确长城保护规划工作的原则与要求，为各省（自治区、直辖市）的长城总体性保护规划体系的建立提供技术支持
9	《中国长城保护报告》	2016年11月	国家文物局发布的《中国长城保护报告》，用以总结《长城保护条例》施行十周年以来中国长城保护工作的专项文物资源保护管理状况

二、长城文化遗产保护总体性原则

　　基于以上对长城相关的保护法规条例的分析可以总结出长城文化遗产保护工作的总体性原则是以"科学规划、原状保护"作为基本理念，具体保护原则主要有以下几个方面[①]。

---

① 国家文物局. 长城保护总体规划编制指导意见[Z]. 2016-08.

（1）在尊重长城全面的文化遗产价值的基础上，对于长城防御体系进行整体性保护。长城文化遗产保护需要厘清长城军事防御体系总体性构成，认知不同时期长城的历史转变，理解长城军事防御及其周边环境以及文化资源的共同价值，才能建立完整的长城保护体系。

（2）真实地保护长城各个历史时期的文物古迹，尊重文化遗产历史信息，需要坚持"最小干预、原状保护"的修缮原则，保存长城文化遗产的真实性遗迹遗存。

（3）长城文化遗产尺度巨大，分布范围广阔，横亘中国大陆，不同地区长城物质实体的类型、材料、形制、保存状况等都存在明显差异，长城文化遗产所处的自然环境、人文环境以及社会环境等都对长城保护工作产生显著影响，因此长城保护方法与措施应该结合各地区实际状况，按照"因地制宜、分类分级"的原则实施与开展。

（4）长城保护工作应该基于长城文化遗产价值等级的高低、保存情况险要程度，详细制定长城不同区域不同遗产要素的保护计划，对长城文化遗产进行分批次的保护与修复工作。

（5）基于对长城防御体系的真实性认知，对于文化遗产实行分段保护与管理工作，需要考虑历史分区与现有行政区划的差异性问题，在尊重历史分区的完整性基础上，对长城文化遗产实行区段划分、协同管理的模式，共同进行长城保存与维护工作，避免出现管理空白地段。

（6）发掘与宣传长城文化遗产的珍贵价值，科学、合理、有效地对长城进行开发、展示、利用工作，提高大众对长城的价值认知，扩大长城的社会效益，确保长城文化遗产的可持续发展。

第三节　明长城保护区段划分原则与方法

一、基于明长城防御体系层次性的保护区段划分方法

明长城防御体系层次性特征显著，层次体系作为明长城的重要组成部分，是明长城军事策略的重要体现，有了明长城层次体系的串联，才有了完整的明长城军事防御系统。因此，明长城文化遗产的保护区段划分，需要尊重明代长城层次体系的空间分布规律。层次体系的保护，要基于长城防御体系各物质要素的分布规律，全面认知长城本体、各军事聚落、烽传与驿传系统以及相关重要遗迹之间关系、历史交通道路分布（陆路及水路），依据各边镇长城防御体系的层次关系，将各级军镇体系与空间分布相对应，作为完整区段进行保护。

蓟镇是明长城九边十一镇中军堡分布密度最大、军事管理层级最多的区域，蓟镇长城及军事聚落分布从东到西横跨今辽宁葫芦岛市绥中县；河北省秦皇岛市

山海关区、抚宁区、卢龙县、青龙满族自治县，唐山市迁安市、迁西县、遵化市；天津市蓟州区；北京市平谷区、密云区、怀柔区等多地。蓟镇长城本体约880余千米，区域内所辖军事防御聚落共计290余座。基于明长城防御体系层次体系保护的原则，对于蓟镇长城文化遗产的保护可以按照蓟镇防御体系的分布范围，建立跨越行政区域的整体性区域划分，只有这样才能真正以真实性、完整性的视角，对明长城文化遗产实行整体性的管理与保护。

二、明长城文化遗产跨区域的协同保护办法

在明长城层次性保护区域划分的基础上，不同的省、市、县级行政单位直接对长城保护的协调与分工又成了长城保护机构的难题。《长城保护条例》[①]中第九、十一、十三、十四、十五条均指出长城所在地省（自治区、直辖市）人民政府需要对本行政区域的长城进行调查、保护、建档、监测等工作；第十七条提到处于行政区边界的长城段落需要相邻行政单位进行联席会议，共同决策重大问题。但以上保护划界方法不可避免地出现了边界处长城保护工作互相推诿、无人问津的状况。

（1）世界其他国家对于长城相关文化遗产保护管理办法

世界其他国家对于长城等同类型的文化遗产保护工作也值得我们学习和借鉴。英国哈德良长城共计117千米，所经地区的所有权构成较为复杂，长城整体90%以上属私人财产，其余10%属于地方政府、长城文化遗产保护相关机构与组织所属，用于遗产保护和对外开放。英国哈德良长城保护规划（Hadrian's Wall World Heritage Site Management Plan[②]）每六年左右编制一次，编制工作主要由英国遗产委员会以及哈德良长城遗产有限公司负责，社会公众共同参与完成。哈德良长城的保护与管理工作涉及社会各界的相关利益，因此专门成立了哈德良长城管理规划委员会，以应对社会各界对于长城保护与规划提出的意见，同时民众参与到长城保护工作之中[③]。

意大利对于大型文化遗址的保护管理工作具有丰富的历史经验，设有遗产与文化部（Ministero per i beni e ie attività culturali），利用文化遗产进行教育普及与活动开展是意大利遗产保护的基本理念，遗产与文化部对部分重要文化遗产管理、保护与活动开展起到高度集权与主导作用，具有有效的管理与法律约束作用，故而使得诸如古罗马遗址群（Foro Romano）、阿皮亚古道（Appia

---

① 中华人民共和国国务院. 长城保护条例[Z]. 2006-10-11.
② Hadrian's Wall Heritage Ltd. Hadrian's Wall World Heritage Site Management Plan 2008-2014[Z]. 2008.
③ 杨丽霞. 英国世界遗产地哈德良长城保护管理的启示——兼议大运河申遗及保护管理[J]. 华中建筑，2010，（3）：170-173.

Antica）、罗马城墙体系（Mura Aureliane）在内的文化遗产群或文化遗产线路能够得以完整保存与管理。

学习和研究英国、意大利等国家对于大型文化遗产的保护管理措施，对于中国长城保护规划的编制，具有重要的借鉴意义。

（2）明长城跨区域协同管理保护办法

在对长城文化遗产全面认知与整体性保护的原则之下，可建立专门的国家级的长城文化遗产保护机构，总体协调与管理大的保护区划范围内的长城资源，统一制定跨区域保护规划，制定符合真实性的分段管理与分级保护策略，试行跨区域管理模式。长城资源归属地的划分应符合国家利益、尊重历史，共同承担对长城文化遗产的保护职责。

2015年9月，京津冀三省市文物局签订的《京津冀三地长城保护工作框架协议》确定了"联合保护、开放"的整体思路。2016年3月，国家文物局在京召开京津冀文物保护协同推进会，确定了三省文物保护的协同发展机制[①]。长城保护管理的协同需求，本质是对长城文化遗产真实性与完整性的基本尊重，各地区对明长城的协同保护是历史和现实的必然需求。

第四节　明长城保护范围界定办法

一、相关法规条例对于明长城保护范围的界定

针对长城保护范围以及建设控制地带，《长城"四有"工作指导意见》有如下规定："长城保护范围应划定在长城本体之外并保持一定的安全距离，保证长城相关遗址、遗迹得到完整保护。"长城本体、军事聚落及相关遗存的保护范围为墙体基线外扩不少于50米，若遗址墙体边界模糊，须沿墙体基线外扩至少65米[②]，复杂地段可划分为一般保护区与重点保护区，进行特殊保护。"长城建设控制地带应根据长城的周边环境风貌和景观视廊保护的实际需要划定。"长城建设控制地带，城市地区不少于保护范围外边界100米，乡村郊野地区不少于保护范围外边界500米。

现有的明长城文化遗产保护范围的划定方式，基本采用统一标准对不同类型的遗产要素进行保护范围的划分与建设控制地带限制，没有考虑到长城的复杂层次体系关系以及相关遗产要素之间的空间、视觉联系，无法对长城军事防御体系进行完整性的保护与范围界定。

---

① 国家文物局研究推进京津冀文物保护协同发展[EB/OL].（2016-03-22）[2019-08-24].
　http://www.sach.gov.cn/art/2016/3/24/art_722_129390.html.
② 中国建筑设计研究院建筑历史研究所. 长城保护规划大纲（讨论稿）[Z]. 2016.

二、基于层次体系的明长城保护范围划定

基于以上对于现有长城保护范围划定相关规定的分析，本书提出基于长城防御体系层次属性的保护范围界定方法。长城防御体系保护范围的界定要考虑各遗产要素依托的自然与人文环境及其相互关系等。长城保护范围的划定需要基于明长城基础信息数据库的相关信息，利用GIS技术综合分析各影响因素，对各层次军事聚落进行划界研究。下文以明长城居庸关防区为例，基于明长城层次体系关系对保护规划范围划定方法进行探讨。

选取明长城居庸关区域的军事防御体系作为保护范围划界的研究对象，是因为居庸关因其防御的重要性与特殊性，在较小范围内形成较为完整的明长城军事防御布局。居庸关防区可根据其防御重要程度差异与戍守的边界范围的大小，分为居庸关城—居庸关沟—居庸关防区三个层级，形成了点、线、面相结合的布防体系，具有系统性、层次性、整体性特点。在居庸关防区整体防御体系当中，居庸关关城地处关沟中心，并屯守重兵，便于调兵遣将，防御等级最高；沿关沟自南向北设置南口城、上关城、八达岭城以及岔道城四座防御城池，纵深布局，层层严防，以御来犯之敌；以居庸关城为中心，分北路、中路、南路、东路、西路，共5条防线，联合布防，构成网状防御体系，各路所辖隘口共计139处，每路隘口都自成体系，单独设防，防御工事与自然地貌的相互配合形成了高效合理的军事防御网；居庸关防区，环绕关沟外侧而设，与各级关隘联防，形成大面积辅助防御区域。

通过以上对于明长城居庸关军事防御体系的整体性认知，基于系统性与层次性的居庸关保护范围划定应遵循以下几方面原则与方法。

（1）基于整体性的保护层次与保护等级划分

居庸关防御体系的保护范围，首先需要在全面了解区域内防御体系构成以及各遗产要素之间的相互关系的前提下，划分为居庸关防区物质遗存保护范围、防区防御控制范围以及防区周边景观视线范围这三个层面[①]，进行保护范围与建设控制范围的总体界定，区域范围逐渐扩大，保护等级逐渐降低。但对于防御控制范围与景观范围的保护是居庸关防御体系整体性保护的重要前提。

（2）基于真实性的长城物质遗存的保护范围界定

对于居庸关防区防御体系的物质遗迹的保护，需要对于该防区范围内的长城遗迹遗存进行全面的保存价值评估，对其遗产价值与环境价值进行价值等级评定，基于评估结果，根据相关遗迹遗存的重要程度，对其进行保护范围的界定。长城本体、各层级军事防御聚落、烽传系统、驿传系统、相关遗存等需要满足国

---

① 谭立峰，曹迎春，于君涵. 复杂地形环境下建筑文化遗产保护范围划定方法初探——以长城保护范围划定为例[J]. 河北地质大学学报，2017，40（3）：135-140.

家文物保护与长城保护管理的基本规定，在严格执行基本的长城保护范围界定的基础上，对于重点区域，进行更为严格的、面积更大的保护范围划定。

（3）基于系统关系的防御体系控制范围的界定

长城防御控制范围，是包含明长城防御体系物质要素构成与古代防御活动在内的总体空间范围，是反映明长城防御体系系统性与层次性的重要区域。居庸关长城防御控制范围包括了长城本体与军事聚落之间、驿传系统之间的可达域，烽传系统之间的可视域范围，同时还包括了明代居庸关防御武器的威胁控制范围等。长城本体上的各敌台之间、烽传系统中各烽火台之间的信息传达线路，为可视域的保护范围，可基于GIS平台的视域分析进行可视域计算；长城本体、防御工事与各级军堡之间的兵力调配行进路线或驿路系统中运输交通所经过的道路，均为可达域保护范围，可以通过GIS平台的坡向分析、成本路径分析等进行路径保护范围计算[①]；军事武器的控制范围，可根据其射程远近与武器架设的位置关系，直接计算得出。居庸关防御的防御控制范围，应是居庸关关沟道路范围、信息传递视线范围、武器控制范围相互叠加，共同构成系统性控制范围。

（4）基于完整性的物质遗存与周边环境的共同保护

长城防御体系保护范围不仅要对明长城物质遗存与防御控制范围进行范围界定，同时还需要保护长城防御体系所依托的周围环境。长城防御体系的山体、水体是长城选址、防御性的真实体现，与此相关的自然地貌也应划入保护范围之中。以居庸关防御为例，复杂的地形环境与长城防御体系相配合，形成了天然的防御屏障，是长城防御体系完整性的真实体现。

（5）基于环境复杂性的三维保护范围控制

此外，需要强调的是，明长城保护范围的划定不应该仅仅停留在遗迹表面及其周边环境的二维范围之内，明长城文化遗产地下空间以及地上空间均应包含在所划定的保护范围之中，以防止由于周边环境的破坏导致长城军事防御体系遗存的坍塌与残损，形成三维的保护范围与控制地带范围区域划界。全面保存其原有的自然景观与人文景观环境，才能完整地保护明长城文化遗产。

基于以上对长城防御体系的分体系、分层次的保护范围划分，根据不同区域内长城系统的关系，从物质遗存保护范围（即遗产要素基本保护范围，各类物质实体的保护范围）、防御控制范围（即军事管控关系范围，各等级堡寨）、交通关系范围（各等级堡寨与长城）、信息与信号传递关系范围（烽传与驿传关系），以及景观视线范围即周边环境范围和视觉空间关系范围（实现互视关系）等四个层面，将长城军事防御体系内的所有抽象的系统关系转化为物质实体的空间保护范围进而进行不同层级保护范围的叠加，最终可形成基于系统关系的保护范围可

① 谭立峰，曹迎春，于君涵. 复杂地形环境下建筑文化遗产保护范围划定方法初探——以长城保护范围划定为例[J]. 河北地质大学学报，2017，40（3）：135—140.

视化图纸。区别于以往的保护范围划定办法,真实地反映长城军事防御体系的系统关系以及尽可能完整地保存明长城相关遗迹遗存。

三、明长城保护范围与建设控制地带范围界定示意

基于前文对于居庸关防区长城防御体系的层次体系分析,以及保护范围划定方法的介绍,下文选取居庸关防御的关沟与关城两部分局部系统要素进行保护范围与建设控制范围的划定示意。

（1）八达岭居庸关防区关沟道路保护范围区划

八达岭居庸关防区中,关沟位于西山和军都山交界处,两壁窄处仅可通单车匹马,宽阔处可建关屯兵。因此防区由北至南的岔道城至南口城的关沟道路路径具有十分重要的战略地位。通过GIS平台,基于DEM高程图以及居庸关防御体系遗址分布的地理信息,通过路径成本,模拟复原原有关沟道路,以关沟道路边界为基准,可以划分出500米的防御控制地带范围,同时基于GIS空间分析,对长城遗迹与关沟地形之间的关系进行可视域分析,划定可视域保护范围及景观控制范围,不同保护范围相互叠加构成了八达岭居庸关防区关沟道路建筑控制地带范围（图3-1）。

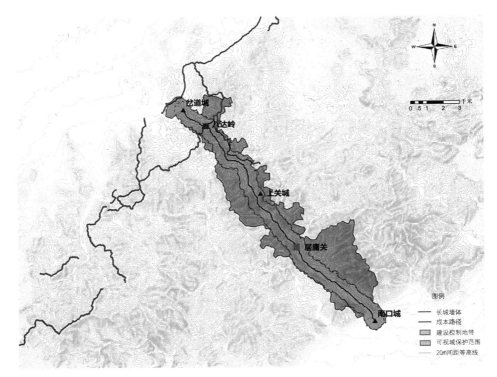

图3-1 八达岭居庸关防区关沟道路保护范围区划
（图片来源：天津大学六合建筑工作室）

（2）八达岭居庸关防区居庸关防御体系保护范围区划

坐落在关沟峡谷中的居庸关所处地理位置险要，是明代西部与北部边疆通往北京的必经之路，视为军事战略要地。居庸关关城的保护区划根据其地形高程与可控制域范围分析，可以确定以300米为边界的核心保护范围界线，即物质遗存保护范围；同时依据北京市文物局《关于划定长城临时保护区的通知》[①]中规定的500米建设控制范围以及3000米限制建设范围的要求，通过表面成本控制分析，可以在初步划分的保护范围、建设控制范围以及限制建设范围的基础上进行调整，基于历史事实，确定一级缓冲区与二级缓冲区范围，以及防御控制地带范围与景观控制范围。

明长城防御体系保护范围的界定，需要基于系统性认知与价值等级评定，对于不同系统与要素进行不同层面的保护范围与控制范围制定，相互叠加，共同保护，才能减缓明长城文化遗产的进一步衰败，实现明长城防御体系的完整性保护。

四、长城保护区划范围内的已有违规建筑与构筑物

随着对明长城文化遗产价值认知的不断全面与深入，结合本书提出的基于层次体系的长城保护范围划定办法，现有长城保护规划范围必将有所扩大与完善。而在新的保护区划范围内，如何处理已有的建筑与构筑物成为下一步保护工作需要面临的问题。应当尽量争取依法拆除保护范围内非文物建筑与构筑物，减少原有建筑物与构筑物对于长城遗迹的危害和对于长城文化遗产历史风貌的破坏；无法立即拆除的建筑与构筑物，也应在其达到使用寿命之后立即拆除，以减少其对于长城风貌的影响。

---

① 北京市文物局. 关于划定长城临时保护区的通知[Z]. 2003.

第四章　明长城遗迹遗存残损分析及修复方法研究

　　长城文化遗产的整体性保护策略，是对于长城总体的保护与管理方案的探讨，是从宏观层面上提出的长城保护的制度与方式，对长城文化遗产的保存与延续具有重要意义。而基于整体性保护策略的长城修复工程方法与理念的探讨，则是从微观层面，从物质遗存的具体修缮方式上，对于长城保护理念的具体实施。也是从文物修复与历史建筑遗产修复的层面，对长城修复与保护工作的参与与思考。

第一节　明长城遗迹遗存的破坏原因

　　明长城遗迹遗存随着几百年的风雨变迁遗留至今，保存情况令人担忧，长城破坏的严重性与科学保护的紧迫性，急需得到应有的重视。长城物质遗存的破坏原因主要分为两大类：自然因素与人为因素。长城保护维修工程随着20世纪50年代对山海关、嘉峪关等长城重点区域的长城维修工作的实施，逐渐全面展开。但随之而来的是"修复性""保护性"破坏日益严重，由于对长城文化遗产没有正确的认知、科学的修复理念以及整体性的保护意识，长城大面积的修建性破坏给长城文化遗产造成了不可逆的后果。对于各时期长城遗迹遗存的人为因素破坏的恶劣程度甚至远超于自然因素对于长城文物造成的残损。明长城遗迹遗存的破坏原因分类图如图4-1所示。

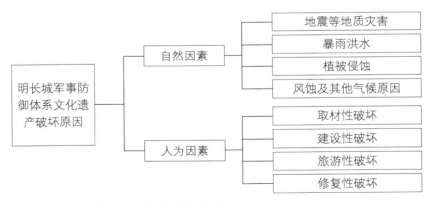

图4-1　明长城遗迹遗存的破坏原因分类图

一、明长城遗迹遗存自然因素的残损

　　自然因素是造成明长城遗迹遗存残损的主要原因。破坏原因因地理位置与气

候环境的不同存在着明显差异。主要的自然因素包括地震开裂、洪水冲刷、植被侵蚀、风化剥落，甚至酸雨等污染性液体的化学腐蚀等，这些原因均是造成长城物质遗存的坍塌与残损的重要因素。

（一）地震等地质灾害导致的明长城残损

明长城分布范围广泛、尺度巨大，由辽宁省起直至青海省止，自东向西横跨中国大陆北部地区，且多分布于山区险要地段。根据长城分布区域显示，明代长城分布于华北地震带的郯城—庐江带、海河（河北）平原带、晋中（山西）带、燕山带，南北地震带的贺兰山（银川）带以及西北地震带的河西走廊带等地震带范围之内[①]。地震对于明长城破坏力巨大，严重的可造成毁灭性的损伤，轻微的也能造成长城遗迹墙体建筑材料大面积断裂，对遗迹墙体结构安全造成巨大隐患。

乾隆四年（1739年），宁夏平罗—银川8级地震，导致了宁夏地区明长城军事防御体系的大面积损毁坍塌，大部分防御工事不复存在，并直接导致了"红果子沟明代长城错动"。长城墙体两端水平位移长达1.45米，垂直位移高达0.9米[②]。此外，由于长城所在地区地震频发而导致的长城建筑材料的直接断裂更为常见。如图4-2所示，长城敌台内部墙体因地震等地质灾害造成砖石材料内部连续的应力断裂情况，随着建筑材料断裂缝的不断加大，防御工事坍塌的状况随时会发生。

图4-2　长城敌台内部墙体断裂
（图片来源：作者拍摄于2016年）

（二）暴雨洪水导致的明长城残损

长城分布区域由于非正常持续性降水，导致长城遗迹的垮塌与周边基础的水土流失，这是造成长城大面积坍塌的重要原因。华北地区长城多为砖石砌筑，建筑材料本身具有较强的防水性，但遗迹的日益老化导致长城建筑材料之间的粘结剂不断减少，内部填充的砂石、夯土材料不断流失，在暴雨来临之时，便不可避免地造成了长城遗迹的轰然垮塌。2012年，河北省张家口大境门西段长城由于暴雨来袭发生大面积坍塌，坍塌之时，该区域正处于修缮施工工程中

① 王雪农，林赛. 万里长城 百题问答[M]. 北京：五洲传播出版社，2010.
② 廖玉华，潘祖寿. 宁夏红果子沟长城错动新知[J]. 地震地质，1982（2）：77-79+83.

图4-3　大境门西段长城施工过程中因暴雨导致坍塌①

图4-4　雁门关城门附近长城墙体因暴雨导致坍塌②

（图4-3）；2018年7月山西省忻州市雁门关城门附近城墙仍旧发生类似状况，由于多日强降水导致墙体滑落，该区域曾在2010年进行修复，部分区域仍在施工过程中（图4-4）。已经经过修缮工程的长城遗迹似乎更容易受到雨水影响，导致结构坍塌，这的确是长城保护从业者值得认真思考的问题。西北地区由于气候干旱，就地取材较为便利，长城多为夯土修筑，年平均降水量相对较少，为土筑长城的保存提供有利条件，但受到突降暴雨、洪水冲刷等影响，西北多地夯土城墙泥土流失严重，甚至会被冲垮。

（三）植被侵蚀导致的明长城残损

由于部分长城遗迹年久失修，无专人看管，植被肆意生长。树木、杂草生长在长城遗址的夯土材料或砖石的缝隙之中，其根茎等深入长城遗迹主体结构之中，扩大墙体或基础裂缝缝隙，破坏砖石材料完整性，雨雪天气水分沿着裂缝大量进入遗迹内部，对文物结构造成重大损伤。如图4-5所示，蓟镇地区徐流口长城墙体两侧覆盖以灌木丛，但是，对于长城植物侵蚀状况的防治又不可只进行简单的除草除根的工作。植物生长与根茎蔓延对于长城遗迹的影响较为复杂，一些情况下，根蔓已深入文物结构内部，若贸然拔出，会破坏已经形成的遗址与植被之间新的稳定性，甚至造成遗迹结构的直接倒塌。

（四）风蚀及其他气候原因导致的明长城残损

长城由于长期受到风沙侵蚀，遗产表面不断剥落或者风化，形成片状或孔状的缝隙，直接影响结构强度。西北地区夯土城墙，有些受到风蚀作用，甚至形成

① 引自：张家口长城"大境门"坍塌总投资约9.6亿元[N/OL].（2012-08-07）[2019-08-24].
　　https://fashion.ifeng.com/travel/photo/hd_2012_08/07/16614246_0.shtml#p=1.
② 引自：雁门关景区因连降暴雨部分区域发生塌方暂封闭抢修[N/OL].（2018-07-23）[2019-08-24]. https://www.sohu.com/a/242909029_260151.

图4-5　徐流口长城墙体两侧被植物侵蚀

（图片来源：作者拍摄于2016年）

图4-6　宁夏镇毛卜剌堡城垣保存状况示意图

（图片来源：天津大学六合建筑工作室长城研究课题组拍摄于2007年）

贯穿的空洞。图4-6为宁夏镇毛卜剌堡城垣保存状况示意，土筑城墙由于常年受到风蚀，没有进行科学保护，仅存部分基址。还有其他气候原因导致的明长城残损，例如随着如今空气污染状况的不断加剧，空气中的酸性污染物质随着降雨对长城遗迹造成巨大损害，加速了建筑的剥落与残损。又如，蓟镇长城墙体多为夯土外包砖的结构形式，容易形成冻融循环，雨水进入夯土与包砖之间，冻融循环导致砖缝纵向断裂，形成通缝，致使上部墙体塌落。

二、明长城遗迹遗存人为因素的残损

（一）明长城取材性破坏

新中国成立初期，由于经济发展水平较低，建设水平有限，文化遗产保护意识薄弱，长城周边地区村镇的居民大量拆取长城表面包砖，甚至是长城墙体基础部分的巨大凿石，用以自家民房建设。长城青砖质量坚固、基础凿石尺度巨大，是修筑建筑的理想材料，这类房屋在长城脚下很多村落中仍随处可见。部分村镇甚至还有组织地拆取部分长城建筑材料，用以铺路等其他公共建设。大量偷砖建房的状况随着当地居民对于长城保护意识的加强，以

图4-7　马兰关东城址民居用长城基础凿石砌筑围墙

（图片来源：作者拍摄于2016年）

及长城保护执法力度的加强得以良好改善，但对于长城文化遗产造成的惨痛损失已经无法弥补。图4-7中的民居围墙即用马兰关城址基础凿石砌筑。

（二）明长城建设性破坏

随着中国城镇化发展水平的不断推进，长城文化遗产所在地区在城市发展

图4-8　赤城独石口长城与风力发电机① 　　　　图4-9　涞源宁静安堡附近长城周边高压线塔②

的建设、施工、资源采集的过程中，对于长城遗迹造成了众多不可逆的破坏。2016年，陕西省榆林市修建省道破坏了3处长城遗迹，影响恶劣；近年来，河北涞源等地，由于对于长城区域地下煤矿资源的私自大面积开采，导致了众多区段长城大面积坍塌甚至消失；河北省赤城独石口长城周边大范围建设风力发电机（图4-8），以及涞源宁静安堡附近长城周边建设高压线塔等（图4-9），均建在景观视线范围之内，严重破坏了长城文化遗产周边的环境风貌，不符合长城保护范围与建设控制地带的基本要求。建设性破坏也对长城文化遗产造成了不可逆的严重后果。

（三）明长城旅游性破坏

长城文化遗产的旅游性破坏分为三种：一方面是在旅游开发实施过程中，以经济利益为导向，对长城遗迹进行虚假复原，或破坏性展示，这种行为在如今的名胜古迹景区屡见不鲜，令原有文化遗产失去其真实性与完整性；另一方面，游客在长城景区的参观过程中，对于长城进行恶意破坏，如故意踢踹长城墙体导致墙体坍塌、在长城砖上刻字留念等，更有甚者盗取长城青砖，用以"辟邪"或者倒卖；此外，热门长城景区超负荷接待游客，以及未被维修的"野长城"经大量徒步爱好者攀爬等，都是旅游管理者以及游客对长城遗迹的不同程度的破坏。

（四）明长城修复性破坏

明长城的修复性破坏是下文讨论的重点。长城的保护与修缮工作本是出于好

① 引自：张家口新闻网.影像记录 | 发现京西北:打卡张家口之独石口长城[N/OL].（2022-11-29）[2023-06-30]. http://blog.sina.com.cn/s/blog_4a1d4f520102wn4h.html.
② 引自：Monkey大叔.涞源长城：亚家庄-宁静安堡（孟良城）-二道河穿越[DB/OL].（2017-03-04）[2019-08-24]. http://www.foooooot.com/trip/1137383/.

意，对于明长城的危险地段进行抢修与维护，但在修复过程中缺乏对于长城军事防御体系的正确认知，缺乏长城文化遗产的基本修复理念，在修复设计中没有遵照长城修复的基本原则，对长城造成了不可逆的破坏，令人扼腕。随着长城保护工作的逐渐普及，长城保护与修复工程管理也更加严格，修复性破坏事件逐步减少，但仍然出现一些不妥的长城修缮事件，引起社会的广泛关注。

2016年9月，辽宁绥中锥子山长城大毛山段滥用水泥修复（图4-10），根据国家文物局调查结果[1]，该区域长城大面使用"抹平"，且部分区域三合土中违规添加水泥，对于长城环境风貌与历史面貌造成巨大影响，同时存在规划设计不规范、程序不合理等问题，修复水平亟待提升；2018年6月，山西大同得胜堡在修复过程中违规使用仿古砖进行夯土墙包砌（图4-11），这种做法严重违背《中国文物古迹保护准则》[2]，未能满足长城原状保护、可逆性、原材料工艺等多条修复原则，对于得胜堡遗址的伤害巨大。

维修前　　　　　　维修后

图4-10　绥中锥子山长城大毛山段修复前后对比[3]　　　　图4-11　大同得胜堡仿古砖包砖修复现场[4]

第二节　明长城遗迹遗存修复基本原则

基于以上对于明长城遗迹遗存破坏情况及其原因的整理与分析，尤其是看到长城修复性破坏所造成严重的后果，明长城防御体系修复的基本理念与原则的确值得被严格界定与遵守。

① 国家文物局公布辽宁绥中锥子山长城大毛山段抢险工程调查情况[R/OL].（2016-09-27）[2019-08-24]. http://www.sach.gov.cn/art/2016/9/27/art_722_133803.html.
② 国际古迹遗址理事会中国国家委员会. 中国文物古迹保护准则[Z]. 2002.
③ 引自："最美长城被抹平"设计者发文驳斥央视等媒体[N/OL].（2016-09-26）[2019-08-24]. http://www.sohu.com/a/115070331_488370.
④ 引自：山西晚报. 释疑 | 明长城大同得胜堡修复，是保护还是毁坏？[N/OL].（2018-06-22）[2019-08-24]. https://mp.weixin.qq.com/s/FqQ_HaPiX13reXnIy4XLVw.

一、现有长城保护维修基本准则

《长城保护维修工作指导意见》中对长城保护维修工作的原则与要求进行规范。长城保护的基本准则有以下几个方面。

（1）"长城本体抢险加固、消除长城本体安全隐患是长城保护维修工作的首要任务。"修复工作需要对长城遗迹的存留状况与重要程度进行等级划分，优先对保存情况恶劣的区段进行抢救性保护。

（2）"长城保护维修必须遵守不改变文物原状和最小干预的原则。""不改变原状"与"最小干预"是长城保护的基本原则，是对长城文化遗产真实性与完整性的尊重和对长城周边环境的整体性保护。同时强调不得在长城原址进行重建或复建行为。"不改变原状"与"最小干预"的具体实施仍需根据长城保护工程的具体实施进行理解与诠释。

（3）"长城保护维修必须保持长城的原形制、原结构，优先使用原材料、原工艺。"原形制、原结构、原材料以及原工艺的基本规定是长城修复过程中需要遵守的基本制度，在传统工艺无法达到的情况下可酌情采用新技术或新材料对于长城文化遗产进行修复施工。新的材料与技术在施工前需要经过严格的实验与论证，避免在长城修复过程中与结束之后对长城遗址造成二次破坏。

（4）"长城保护维修应与环境治理相结合。"长城保护维修工程不仅仅涉及长城遗迹自身，同时对遗址周边环境进行保护与修复，对长城周边的地质安全、水文环境进行详细勘测与维护，才能将长城遗址受到自然因素破坏的影响降到最低。

《长城保护维修工作指导意见》给出的长城保护维修的基本原则，是长城保护工程中需要执行的基本底线，对于保护原则的理解与实际操作，则需要根据实际情况，在长城修复过程中深入理解、具体体现。

二、国外遗迹遗存修复基本理念

国内对文物保护工作的理解以"保护为主、抢救第一、合理利用、加强管理"[①]为基本方针，以保护或恢复文物原状为原则，仍然坚持保护文物原貌、"修旧如旧"的概念，坚持保存文物的原材料、原工艺、原结构、原形貌以保存文物价值与历史信息。基本保护理念与《长城保护维修工作指导意见》中给出的基本相似，对恢复文物原貌等理念的理解有待商榷。

对于文物保护与修复的理解，意大利修复专家切萨雷·布兰迪早在20世纪60

---

① 王蕙贞. 文物保护学[M]. 北京：文物出版社，2016.

年代所著的《修复理论》(*Theory of Restoration*)[①]中就已经给出合理的解答。他将修复工作定义为："修复是着眼于将艺术作品传承下去，使它在物质依据上，在美学与史学双重本质上，能被认可为艺术作品的方法论环节"。修复工作旨在修复文物本身的材料，同时重塑文物的潜在一体性(Potential Oneness)，尊重历史，也尊重历史的发展过程。布兰迪同时提出在修复实践中的材料可识别性(Recognisable)问题，部分材料的可更替性、修复的可逆性、可持续性等重要原则。一切修复需要建立在尊重史实的基础之上，避免幻想性修复(Restoration by Fantasy)。他指出重建(Reconstruction)、复建(Re-creation)或者复制(Replication)均不属于修复范畴内，在文物保护领域内不具有合法性。一切的修复也应该建立在对美学理解的基础之上，美学与史实共同保证了文物存在的价值。

西班牙学者萨尔瓦多·穆尼奥斯·比尼亚斯(Salvador Muñoz Viñas)在《当代保护理论》(*Contemporary Theory of Conservation*)[②]一书中对于保护与修复理念与当代修复原则进行辨析。书中提到狭义的保护是"相对修复而言的保持性的活动"，即保存，而广义的保护是"包括狭义的保护、修复以及相关其他活动的行为总称"，保存与修复是遗产保护工作的主要内容。他提出的科学保护原则主要有保存或修复对象的真实天性(即真实性)，遵循"物质至上主义"的修复理念，所有保护技术与方法应该经过科学验证，用于保护的先进技术与方法应该比传统技术效果更佳。他同时提出可持续性(Sustainability)的保护原则，需要考虑遗产未来使用与使用者的需求，相较于可逆性与最小干预原则更加完整、有效。

三、明长城遗迹遗存修复原则探讨

现阶段，长城及相关遗迹遗存保护与修复准则是长城修复工作的最低标准，也是基本准则，部分修复理念有待商榷。国外对于遗迹遗存的修复理念，为长城修复工作与原则提供了有效思路，也是对国内长城文化遗产保护理念的重要补充。明长城的保护与修复工作应当建立在对其真实性、完整性正确认知的前提下，在不抹去其任何阶段历史痕迹的同时，尽可能地展现出长城的整体最大价值，具体修复原则如下。

（1）尊重明长城军事防御体系的真实性与完整性的修复原则

明长城相关遗迹遗存的保护与修复工作，需要以尊重历史事实为根本，以对长城防御体系的整体性保护为前提，展开长城的保存与修复工作。明长城军事防

---

① 布兰迪. 修复理论[M]. 陆地，译. 上海：同济大学出版社，2016.
② 比尼亚斯. 当代保护理论[M]. 张鹏，等，译. 上海：同济大学出版社，2012.

御体系中，各个要素构成与体系关系都是珍贵的文化遗产，遗留至今的长城遗迹以及其所特有的历史痕迹都是长城的历史见证，具有重要的历史价值。所以明长城的保护与修复工作，应以认清长城遗迹遗产价值、尊重长城遗迹历史信息为根本前提。

（2）以保存现状为前提，以抢修加固为主要任务的修复理念

明长城规模巨大的遗迹遗存，历经数百年的变迁与衰落，部分遗迹已经面目全非。明长城的修复工作应该以尊重历史发展为前提，着眼于遗迹现状为根本，防止遗迹进一步衰落与消失为主要任务。在全面分析长城遗迹遗存保存状况的基础上，对于各遗址进行精细化测绘、残损状况记录与分析，并基于分析结果与历史事实制定抢修与加固方案，修复结果应以最小介入、不改变现状、维持遗址现有风貌为原则。对于长城防御体系所有遗迹遗存进行全面的残损监测与及时修缮，以长城遗迹能够延缓衰败、世代相传为目标。

（3）不可开展大范围重建与复建工程，修复结果具有可识别性

长城遗址严禁开展大范围的重建与复建工程，大范围重建与复建是严重的违法违规行为。部分遗址可在对其充分考察分析与修复设计论证的前提下，进行局部的长城形态修缮工作，部分恢复原有形制，用以加固或者局部展示，最好使用历史材料和历史工艺，部分可采用已试验过的新型材料与技术，以保证修复工作的有效性与可持续性。长城修复结果应尊重史实与历史痕迹，相较于原有长城遗迹具有可识别性特点，因为长城遗迹遗存的修复成果也将会成为历史印迹，永远留存于长城遗迹之中。

（4）长城军事防御体系遗迹遗存与周边环境风貌的共同修复

长城遗迹周边的环境风貌，作为长城军事防御体系重要的组成部分，需要得到应有的重视与维护。长城遗址与其周边自然环境共同组成了完整的历史风貌，作为重要的人文景观，呈现巨大的历史与艺术价值。长城修复工作在修复遗址本体的同时，应当注意保护其周边的自然环境免受破坏，也需要及时对其周边环境进行系统的勘测、维护、地质条件加固等工作，对于破坏长城原有景观环境与人文环境的区域，可进行环境治理与局部历史环境的复原。

第三节　明长城物质遗存维修情况与展示方法

一、长城物质遗存维修的基本情况

《长城保护维修工作指导意见》对于长城修复工程的工作流程有着严格规定，项目实施过程必须遵守项目立项、勘察设计、技术监督、工程施工以及竣工验收五个环节，保护维修工程包括维护、抢险、修缮、加固以及辅助设施建设五种类型。

　　自2006年国家文物局对于长城开展系统的保护与维修工作以来，共实施长城保护维修项目418项，维修加固长城墙体410千米，单体建筑1402处[1]，各省（自治区、直辖市）长城保护维修工程实施数量如图4-12所示。由此统计图可以看出，各省（自治区、直辖市）长城保护维修工程实施数量与其区域范围内的长城分布数量并不成正比关系，长城保护修复意识与重视程度仍存在部分差异。

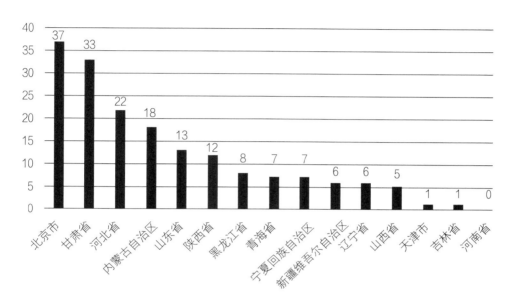

图4-12　2006年以来各省（自治区、直辖市）长城保护维修工程数量统计图[2]

二、明长城物质遗存病害类型及维修方法

　　对于明长城遗迹遗存的保护与维修工作，按照其建筑材料、破坏原因的不同，有针对性的修复措施与方法也存在显著差异。现将长城遗址分为砖石结构遗址与夯土结构遗址进行病害类型与修复方式的探讨。

　　（一）砖石结构明长城遗址的维修方法
　　砖石结构明长城主要病害包括砖石材料裂缝、酥解、材料断裂、材料局部缺失、结构整体沉降等几种类型。

① 中国文化遗产研究院. 爱我中华 护我长城：长城保护（2006—2016）[M]. 北京：文物出版社，2017：178.
② 同①179.

（1）裂缝及其修复办法

明长城遗址砖石材质裂缝分为以下几种类型[①]：浅表性风化裂隙、深入内部的机械性裂缝（但未断裂）、石材或砌块本身的原生性构造裂隙以及外应力造成的石材或砌块之间的粘结断裂。砖石材料的裂缝修复需要基于其开裂与变形的不同原因与不同程度进行相应的残损修复。勾缝封闭修补技术主要应对于材料浅表的细小裂缝，使用相同材料进行勾缝处理；压力灌浆修复技术主要应用于材料的深层裂缝以及修补石材、砌体之间的砂浆粘结剂的流失，灌浆材料配比应尽量与原材料相同[②]。

（2）酥解、材料断裂、材料局部缺失及其修复办法

明长城砖石材料的酥解是指遗迹材料由于外界自然因素的破坏作用而导致石质表面或表层剥落；断裂是指砖石材料存在明显的贯穿性的断裂与错位；而材料缺失显而易见是由自然或者人为因素造成的砖石材料缺损。基于以上这几种病害类型，可采用局部拆砌的方式对材料进行选择性的替换或填补，同样需要遵循维持原材料、原形制的基本原则。

（3）结构整体沉降或断裂及其修复办法

当砖石结构墙体由于地震等原因造成贯穿性结构裂缝或者沉降时，可以选择整体加固或局部补强两种方式进行加固修复。具体实施方案根据遗址残损严重程度而定，因为结构需要而局部或整体增加的加固钢筋或圈梁，首先需要满足不破坏原貌的基本要求。

（二）夯土结构明长城遗址的维修方法

夯筑结构长城遗址主要面临的病害类型有裂缝、冲沟发育、风化坍塌等几种类型。对于夯土结构长城遗址的修复方式主要有以下三种：

（1）墙体夯补，对于部分坍塌墙体以及风化严重的墙体进行局部夯补，用以阻止夯筑墙体的进一步坍塌。

（2）失稳墙体锚固，对裂缝较大的墙体，考虑其结构需要，借助外界锚杆材料，对其进行加固与稳定支撑。

（3）裂缝灌浆，与石砌材料修复方法相似，采用相同材料对于夯土材料裂缝与冲沟进行填补灌浆，用以提高墙体稳定性[③]。

（三）明长城遗址共有病害类型及维修方法

还有一些长城遗址病害类型是所有类型遗迹所共有的，包括植物侵蚀以及建筑材料大面积坍塌与堆积等。植物侵蚀的维修方法包括物理性清除，对于遗迹上

① 国家文物局. 石质文物病害分类与图示[M]. 北京：文物出版社，2008.
② 黄克忠. 中国文物保护与修复技术[M]. 北京：科学出版社，2009：101-106.
③ 同②231-235.

所覆盖的植被进行修剪、表面清除等，或采用生化清除的方式，以对遗址本身无损伤的化学或微生物药剂限制遗迹上原有植被的生长。面对长城遗址大面积坍塌的问题，应首先在不影响其建筑结构稳定性的前提下，对于坍塌材料进行整理与归类，部分保存完整的材料可重新用于遗址的修复或局部还原等方面。

三、明长城文化遗产的展示技术与策略

随着文化遗产保护技术的不断发展，越来越多的高新技术用于遗产保护的全过程之中。"空地一体化信息采集技术"是天津大学六合建筑工作室研发多年的长城文化遗产信息采集成果，在遗址调研、测绘与信息采集处理等方面具有重要作用；英特尔公司的AI人工智能技术在长城修复领域的引入，也意味着遗产修复技术进入新的发展阶段；基于信息采集与虚拟现实技术而提出的明长城动态保护展示策略，希望在历史与科技的碰撞之下能够有效地提高长城展示技术，传承长城文化。

（一）明长城文化遗产空地一体化信息采集技术

在长城文化遗产研究过程中，由于现有卫星影像等高程遥感信息中长城信息覆盖范围不广，也不能满足分辨率需求，而且对于尺度巨大、位置难以到达的长城遗址的测绘与调研工作无法顺利展开，基于以上问题，天津大学六合建筑工作室经过多年研发与实验，逐步掌握面向长城等大型文化遗产的"空地一体化信息采集"技术。该技术基于无人机低空平台进行大比例尺的遥感拍摄，并与地面测绘、卫星影像数据等配合，从而高效获取完整的空间信息成果。图4-13为长城调研过程中基于信息采集技术获取的居庸关南瓮城三维点云信息，能够快速高效地获取建筑各处尺度信息，进行空间分布与建筑形制研究。

图4-13　居庸关南瓮城三维点云信息
（图片来源：天津大学六合建筑工作室拍摄于2018年）

（二）英特尔AI人工智能技术引入长城修复工程

在现有空地一体化信息采集技术的基础上，加入AI人工智能技术，用以形成更为直观、有效的长城文化遗产信息采集与修复模拟技术及应用。2018年4月中国文物保护基金会与英特尔公司合作，应用英特尔的猎鹰8号无人机（Intel Falcon 8）与AI人工智能技术相结合，对于长城展开全面的保护与修缮工作。英特尔公司计划根据无人机采集的图像数据，利用人工智能大数据分析与VR 3D内容制作进行

快速分析，可以快速判断出长城遗址的残损状况，然后，通过英特尔人工智能算法，对采集到的多形态数据进行分析、处理以及虚拟重建，为长城的修缮和维护提供清晰、有针对性的指导建议①。图4-14为运用AI智能技术对箭扣长城的信息进行采集，扫描成像，浅色区域为人工智能分析下的

图4-14　箭扣长城修缮示意②

长城遗产修缮示意。该技术目前还在初步实施阶段，作为遗址修复领域的全新举措，该技术的具体效果及其科学性与合理性有待进一步验证。

（三）明长城文化遗产动态保护展示技术

明长城文化遗产的动态保护是指突破原有博物馆式的陈列式保护方式，以长城防御体系的真实场景（建筑、环境、人）为展示内容的保护方式。长城军事防御体系是由人作为活动主体，由各类防御工事与防御聚落实体，周边自然、历史、社会、文化环境共同构成的完整文化遗产体系，沉浸式的动态展示方式有利于观者身临其境、感受历史。动态展示技术需要基于以下几个方面进行实施：

（1）基于基础信息的空间分析，完善明长城防御体系历史信息。由于史料记载信息有限，部分防御工事与聚落也已经荡然无存，只能通过GIS空间信息分析技术进行信息的有效模拟与复原，尽量还原明长城军事防御系统的完整面貌，为动态保护与展示技术提供重要的历史依据。

（2）通过虚拟现实技术，对于明长城防御体系局部空间关系以及重要历史场景进行还原与再现，借助无人机航拍技术与三维点云扫描技术汲取现有遗迹与环境信息，尽可能真实复原历史空间，让观者可以置身其中，深刻认识明长城文化遗产的重要价值。

（3）动态展示技术需要与长城保护与管理相关部门联合，进行开发与展示工作。在完善长城博物馆的室内展区动态展示的同时，可以走向室外直接与长城遗迹结合，进行虚拟现实与古迹遗存实体的联合性展示，更为直观、真实地对长城文化遗产进行动态展示与信息传递，实现历史古迹与先进技术的完美碰撞。图4-15为罗马Rinascente商场内维尔戈水道（Aqua Virgo）考古遗址动态展示效果。诸如此类的文化遗产动态展示，能够充分调动参观人员积极性，有助于文化遗产的有效传承与发展。

---

① AI修长城了解下？[N/OL].（2018-07-30）[2019-08-24]. https://www.sohu.com/a/244231560_99970711.
② 同①.

图4-15　罗马Rinascente商场内维尔戈水道（Aqua Virgo）考古遗址动态展示效果[1]

第四节　明长城军事防御工事修复设计研究——以徐流口敌台为例

基于以上对于明长城整体性保护与修复策略的分析，为了科学有效地减缓明长城遗产的破坏速度，探讨其保护与修复技术，选取河北唐山徐流口地区长城为例，对其整体性保护理念以及具体修复方法进行实际探讨。对具体地段长城防御工事的历史与现状进行区域分析、建筑测绘，以及详细的残损分析、保护评估分析，基于分析结果进行最终的保护修复策略的制定与修复方法的探讨。希望以此为今后的长城保护修复工作提供一定的理论支持与借鉴。

一、明长城防御工事修复设计思路与理念

下文基于以上研究思路，选取了河北省唐山市迁安县蓟镇长城徐流口关附近地区长城进行保护设计，并选取其中一组敌台进行详细测绘与分析，以此详细探讨明长城部分地区的保护与修复方法。研究借鉴意大利优秀遗产修复理念，与中国遗产保护技术与方法相结合，共同探讨长城的保护与修复方法。意大利对于文物保护理念与修复技术的研究已经有数百年的历史，拥有完整的文物保护立法与制度，其对于不同类型文化遗产的保护与修复也已形成较为完整、科学的范式。在意大利的建筑修复过程中，对于历史建筑本身的研究，即建筑遗产及其周边环境的历史与现状的真实记录表达成为修复工作的重中之重。意大利随着修复经验的不断增长，逐步形成成熟的残损与修复方法对照手册，其中《建筑修复条约》（*Trattato di restauro architettonico*）[2]就是意大利建筑修复工作的重要指导。第一步，通过大量文献与考古研究等了解遗产相关历史状态，了解其真实性与完

---

① 引自：罗马，有一种高级的购物叫RINASCENTE[N/OL].（2018-03-15）[2019-08-24]. https://www.sohu.com/a/225638950_100650.

② CARBONARA G. Trattato di restauro architettonico（Terzo aggiornamento）[M]. Rome: Utet Giuridica，2008.

整性，作为遗产价值评估的重要内容；第二步，通过极其精细化的建筑测绘，详细记述建筑遗产本身携带的所有信息，包括其不同历史时期的变动信息以及不同原因造成的残损信息等，对历史与现状信息进行严格的图面化表达；第三步，基于测绘以及信息采集结果，对于建筑遗产的不同材料类型以及残损病害状况进行分类分析；最终，在对建筑遗产全面记录与分析的基础上，根据文物不同的病害类型采取相应的修复措施。微信扫描二维码可见研究的完整成果，研究受到意大利与中国遗址保护与修复方面专家的共同指导。

二、徐流口地区长城遗址历史与区域分析

徐流口关及其附近长城防御工事具有明蓟镇长城典型的选址布局与建筑特征，基本形制保存也较为完整，同时位于山坳处，便于到达与测绘调研。其中选取徐流口L12号[①]敌台进行详细测绘与分析[②]（图4-16），该敌台具有蓟镇长城空心敌台的典型特征，以此详细探讨明长城防御工事的保护与修复方法。

图4-16　徐流口关周边长城总平面示意[③]

徐流口地区位于迁安市最东侧，东部与卢龙县相邻。长城经由卢龙县的刘家口一直向西北方向进入迁安市徐流口，徐流口段长城继续向西北方向延伸，分为内外两道。明长城徐流口关（又称徐刘口），始建于洪武年间，关城已毁，仅关口尚存，关城位于迁安市建昌营镇徐流口村内[④]，关口位于东北约2千米的长城上，此口并无正式口门，只是在边墙之中拱砌一涵洞，高2米，宽1.8米，进深5.3米。[⑤]关口两侧山坡较平缓，《永平府志》记载："边墙在山坳，南北皆慢坡。"（图4-17）

---

① 敌台编号以《明蓟镇长城——1981～1987年考古报告》中的编码方式，L表示建筑类型为敌台，其后为敌台编号。
② 河北省文物研究所. 明蓟镇长城——1981～1987年考古报告：第五卷[M]. 北京：文物出版社，2012.
③ 改绘自《明蓟镇长城——1981～1987年考古报告》。
④ 张玉坤. 中国长城志·边镇·堡寨·关隘[M]. 南京：江苏凤凰科学技术出版社，2016.
⑤ 王云瑞. 青龙境内长城考实//河北省青龙县委员会文史资料研究委员会. 青龙文史资料：第4辑，1988.

图4-17 徐流口地区边口图①

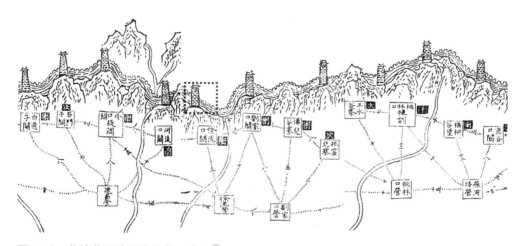

图4-18 蓟镇燕河路协路关营示意图②

（一）徐流口地区长城历史地理分布情况

徐流口关自明代起就是蓟镇长城的重要组成部分。根据《卢龙塞略》记载，万历十五年建制调整之后，"永平道东协四路，燕河路领提调二"③。蓟镇长城永平道东协自西向东包括山海路、石门路、台头路与燕河路共计4路。徐流口地区长城隶属于蓟镇长城东协燕河路进行管辖，燕河路协路关营示意图如图4-18所示。燕河路长城下辖关堡共10处，营城6处，分布于秦皇岛卢龙县与唐山的迁西县境内。④燕河路10座关堡分管于冷口与桃林口2个提调。徐流口关位

① 引自：徐准. 永平府志（万历二十七年）[M]. 涂国柱，纂//董耀会. 秦皇岛历代志书校注：永平府志. 北京：中国审计出版社，2001.
② 底图引自：郭造卿. 卢龙塞略（明万历刻本）[M]//薄音湖，于默颖. 明代蒙古汉籍史料汇编：卢龙塞略：九边考：三云筹组考. 第6辑. 呼和浩特：内蒙古大学出版社，2009.
③ 同②：34-35.
④ 王琳峰. 明长城蓟镇军事防御性聚落研究[D]. 天津：天津大学，2012.

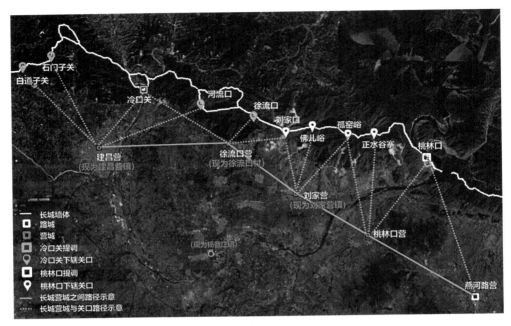

图4-19　蓟镇燕河路长城层次体系分布图
（底图来源：Google earth，作者标绘）

于卢龙县与迁安市的交界处，属燕河路下冷口提调管辖，位于冷口防区最东侧，紧邻桃林口防区（图4-19），军事位置险要。

（二）徐流口长城历史沿革与建造时序分析

随着蓟镇长城的不断发展和军事驻防的不断变革，徐流口地区长城防御体系主要分为以下三个主要修建阶段：洪武年间，开设徐流口关口，并设徐流口营城；成化年间，修筑徐流口关城；自弘治年间起，修筑各关堡之间长城与敌台等，并经过长城墙体包砖、加建空心敌台等阶段。直至万历年间，在戚继光的军事部署下，徐流口基本形成长城军事防御体系的完整布局。具体的建造时序如表4-1所示。可见以徐流口地区长城为代表的蓟镇长城防御体系遵循先设口驻城，再修边的修筑原则进行军事战略布局。

徐流口地区长城军事防御体系建造时序表　　　　　　　　表4-1

阶段	历史时期	建设内容	文献与数据来源
1	洪武年间 （1368—1398年）	设关隘于徐流口	《四镇三关志》："洪武年建，通大川，平漫，各墩空，俱冲。" [①]

① 刘效祖. 四镇三关志（明万历四年刻本）[M]. 北京：北京出版社，1998：10-66.

阶段	历史时期	建设内容	文献与数据来源
2	洪武年间（1368—1398年）宣德年间（1426—1435年）正统年间（1436—1449年）	修筑徐流口营城，宣德筑土为城，正统初易土为砖	《永平府志》（万历）："徐流营，宣德间镇守太监刘通筑土为城，正统初少监郁永易土为砖。"①《四镇三关志》："徐流营城堡一座（洪武年间建）"②；《卢龙塞略》："徐流营，城石，周二百六十二丈二尺，门曰东，曰西，曰南，居二百五十家。"③
3	成化三年起（1467年）	修筑徐流口关城	《永平府志》（万历）："徐流口洪武初为关隘，成化三年设城。"④《卢龙塞略》："徐流口，城石，高丈五尺，周二百五十丈一尺，门曰东，曰南，居九十五家。"⑤
4	弘治二年起（1489年）	修筑冷口地区墩台、城堑、廨舍等	《明孝宗实录》："弘治二年七月壬申，修蓟州、冷口、喜峰口、潘家口、青山口、义院口、一片石、箭竿岭、沙坡谷、猪圈头等处墩台、城堑、廨舍。"⑥
5	嘉靖三十年起（1551年）	修筑徐流口地区边墙、铲崖	《明史·兵志三》：嘉靖三十年"自山海关至居庸关、沿河口，共二千三百七十里，中间应修墙，并铲崖。""高一丈五尺，根脚一丈，收顶九尺。"⑦
6	隆庆二年起（1568年）	修筑空心敌台（L12敌台同时期建设）	《四镇三关志》："将塞垣稍为加厚，二面皆设垛口，计七八十垛之间，下穿小门曲突而上。而又于缓者则计百步，冲者五十步或三十步即筑一墩，如民同看家楼，高可一倍，高三丈，四方共广一十二丈，上可容五十人。"⑧
7	万历六年（1578年）	修补徐流口长城墙体并包砖	《四镇三关志》："始有拆旧墙修新墙之议，新墙高广加于旧墙，皆以三合土筑心，表里砖包，表里操口，纯用灰浆，足与边腹砖城比坚并久，内应增台者既增之，应铲削偏坡者即铲削之。"⑨
8	万历三十五年（1607年）	徐流口地区长城防御体系基本完工	《修建冷扳台子边墙记事碑文》："万历三十五年秋防客兵河南营官军原蒙派修建冷扳台子七十四号台西窗起至鸡林山七十六号台东窗止，等边墙八十六丈一尺。"⑩

① 徐准．永平府志（万历二十七年）[M]．涂国柱，纂//董耀会．秦皇岛历代志书校注：永平府志．北京：中国审计出版社，2001：33.
② 同①10—70.
③ 郭造卿．卢龙塞略（明万历刻本）[M]//薄音湖，于默颖．明代蒙古汉籍史料汇编：卢龙塞略：九边考：三云筹俎考（第6辑）．呼和浩特：内蒙古大学出版社，2009：40.
④ 同①.
⑤ 同③.
⑥ 明实录：60：明孝宗实录：卷十五至三十六[M]．上海：上海书店出版社，2018.
⑦ 张廷玉，等．明史·兵志三[M]．北京：中华书局．1974.
⑧ 刘效祖．四镇三关志（明万历四年刻本）[M]．北京：北京出版社，1998：10—311.
⑨ 同⑧.
⑩ 河北省文物局长城资源调查队．河北省明代长城碑刻辑录[M]．北京：科学出版社，2009.

（三）徐流口长城现状地理环境分析

徐流口长城关口设于墙身中，关口位于山坳中，地势较为平坦，长城墙体沿山脊修筑，向东1500米到达刘家口，向西3000米到达河流口，山脊最高点海拔410米，关口所在山坳位置海拔240米，落差较大，所有敌台均沿山脊线修筑（图4-20），L12号敌台与关口处高差为30米。基于ArcGIS软件对于徐流口地区长城周边山体的坡度分析（图4-21）显示，徐流口关口位置坡度小于5°，关口两翼长城两侧坡较陡，坡度最大处可达约43°，关口东北侧，即长城外侧地势相对平缓，关口内侧（西南侧）地形较为错落（图4-22）。有道路沿山坳方向跨越关口东侧残损墙体顶部连通长城南北两侧，该现状道路与历史道路基本保持一致。

图4-20　徐流口地区长城敌台分布航拍图
（图片来源：天津大学六合建筑工作室拍摄于2018年）

图4-21　徐流口地区长城周边山体的坡度分析
（图片来源：ArcGIS软件生成）

长城北侧航拍照片

长城北侧鸟瞰视角卫星图

长城南侧航拍照片

长城南侧鸟瞰视角卫星图

图4-22　徐流口地区长城南北两侧地形鸟瞰图

三、徐流口地区长城防御工事残损分析与保护方法

（一）以记录保存现状为目的的测绘方法

基于对徐流口地区长城的历史与现状的总体分析，进而可对区域内具体防御工事进行深入研究。选择徐流口关口西侧第二座敌台（L12号敌台），也是第一座基本形制保存较为完好的敌台进行详细的测绘与残损分析。该空心敌楼位于徐流口关口西部约200米的山脊处，楼体为梯柱形，楼体顶部破坏严重，首层基本形制保存完好。东西两侧一门一箭窗，南北两侧三箭窗，内部为双筒拱的布局形式，内有梯道通向顶层，保存较为完好。由于徐流口地区敌台均位于山脊处，敌台南北两侧均为陡坡地势，测绘工作采用人工测绘与无人机航拍相结合的方法进行。基于无人机航拍可得敌台各立面的正射影像，同时可生成三维点云扫描模型（图4-23）。

测绘以记录现状保存状况为主要目的，在绘制敌台建筑及其两侧各10米长城墙体建筑尺寸形制的同时，详细描绘各种建筑材质现状，包括各种石材与砌体材质修砌做法以及破损状况、建筑材料跌落堆砌状况、植被于建筑

图4-23　徐流口L12号敌台三维点云扫描模型
（图片来源：天津大学六合建筑工作室拍摄于2018年）

113

上的覆盖状况等，力求通过图像方式完全记录敌台及其周边环境现状。测绘工作共获得详细图纸9张，包括首层平面与顶层平面2张、立面4张以及剖面3张，部分图纸如图4-24～图4-26所示，全部图纸信息详见二维码增值服务。

　　同时根据该区域测绘结果以及周边地区各敌台与墙体建筑残损位置暴露在外的剖面结构，可以部分还原徐流口地区敌台及部分墙体的内部修砌构造，在帮助了解长城修筑方式的同时，为下一步的修复工作提供有力的构造依据（图4-27、图4-28）。此区长城墙体采用底部形状规则的条石或不规则毛石平

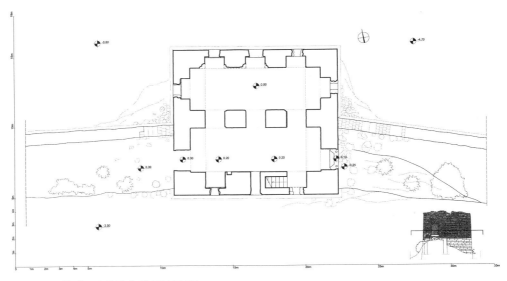

图4-24　徐流口L12敌台首层平面图

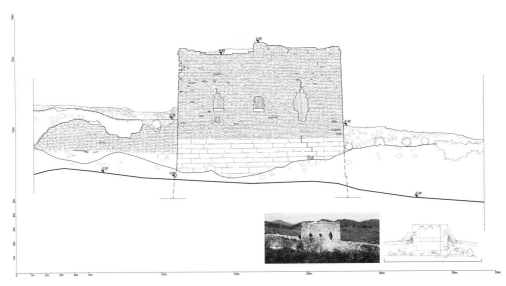

图4-25　徐流口L12敌台南立面图

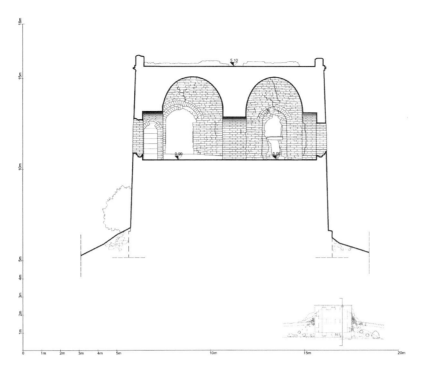

图4-26　徐流口L12敌台1-1剖面图

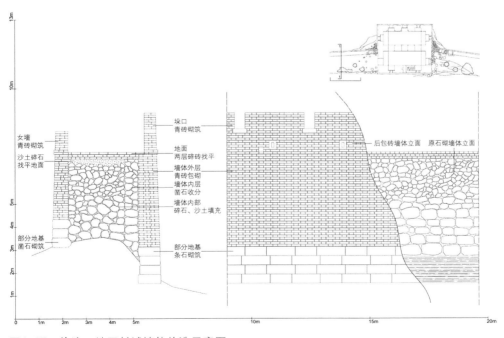

图4-27　徐流口地区长城墙体构造示意图

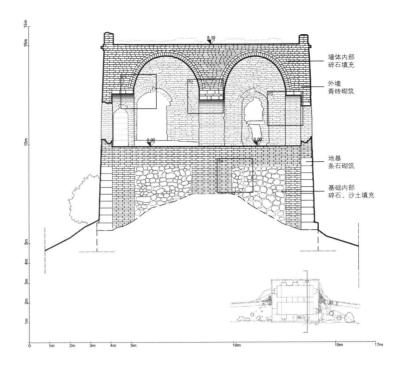

墙体内部
碎石填充

外墙
青砖砌筑

地基
条石砌筑

基础内部
碎石、沙土填充

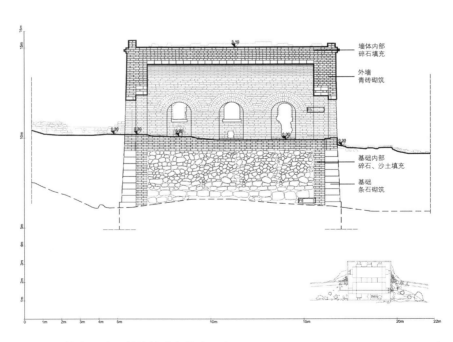

墙体内部
碎石填充

外墙
青砖砌筑

基础内部
碎石、沙土填充

基础
条石砌筑

图4-28　徐流口地区长城墙敌台构造示意图

铺，内部为碎石与夯土堆砌，外部由凿石收分砌筑，明代后期外部进行包砖贴砌，采用"丁""顺"相间的形式，上下砖行错缝咬茬的砌法[①]。该测绘结果也能为史料记载提供佐证，徐流口地区长城采取先石砌，再包砖的墙体修筑顺序。敌台底部为规则条石平铺砌筑，上部为青砖砌筑，墙体内部及顶部多为碎砖砌筑，部分填充以碎石或沙土，顶部以青砖修筑女墙及垛口。

（二）基于测绘结果的材料与残损类型分析

通过调研与测绘显示，徐流口地区长城墙体与敌台材质主要分为以下几类：①青砖砌体，主要用于墙体外部包砖以及敌台墙身修建；②规则条石砌体，主要用于敌台和部分区域墙体底部基础的砌筑；③不规则毛石，用于部分区域墙体底部基础砌筑；④灰浆，主要用于砌体粘合；⑤碎石、沙土等，主要用于墙体内部以及敌台基础内部的填充。徐流口地区长城建筑材料与残损类型对照如图4-29所示。

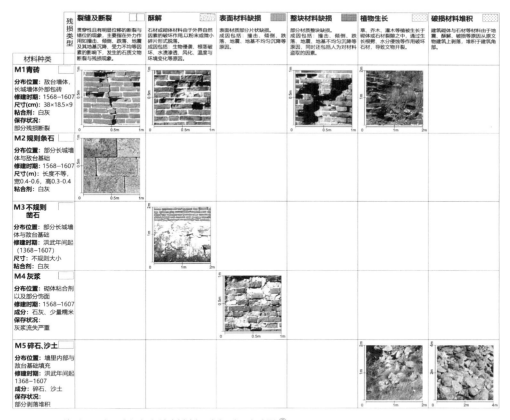

图4-29　徐流口地区长城建筑材料与残损类型对照[②]

① 贾亭立. 中国古代城墙包砖[J]. 南方建筑，2010（6）：74-78.
② 不同建筑材料的历史时期按照其所在建筑修筑时期标注，具体时间参见表4-1。

　　徐流口地区长城墙体及敌台残损类型主要分为六种，包括材料的裂缝及断裂、酥解、表面材料缺损、整块材料缺损、植物生长以及破损材料堆积等问题[①]，不同材料对应的残损类型照片如图4-29所示，同时将不同材质以不同颜色进行标记，不同残损状况以不同符号进行表达，通过详细记录与分析，可得到与文物实际状况完全对应的残损分析图（图4-30）。通过对敌台各部分不同类型的材质与残损状况进行分析，可以准确地评估建筑遗产的现状，确定危害等级，为下一步的修复工作提供准确的资料信息。

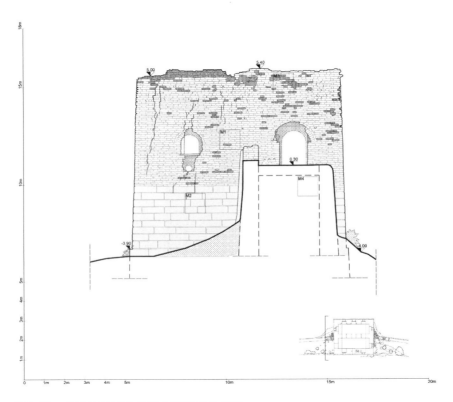

图4-30　徐流口长城敌台东立面残损分析图

（三）敌台结构裂缝专项分析

　　在长城建筑的各类型残损状况中，裂缝问题尤为重要，因为其关乎建筑整体结构的稳定性，在确定裂缝详情，进行建筑结构加固修复的情况下，才能进行之后更为精细的修复工作。因此，需要对敌台的结构裂缝进行专项研究与分析。对应敌台平面、立面与剖面进行集中的裂缝情况分析（图4-31），可以看出裂缝主要集中于敌台的东北角部与西北角部位置，部分裂缝贯穿内外与顶部。裂缝位置如不加以介入式加固，随着水分的渗入，裂缝会不断变大，同时随着拱券及其他

<hr />

① 国家文物局. 石质文物病害分类与图示[M]. 北京：文物出版社，2008.

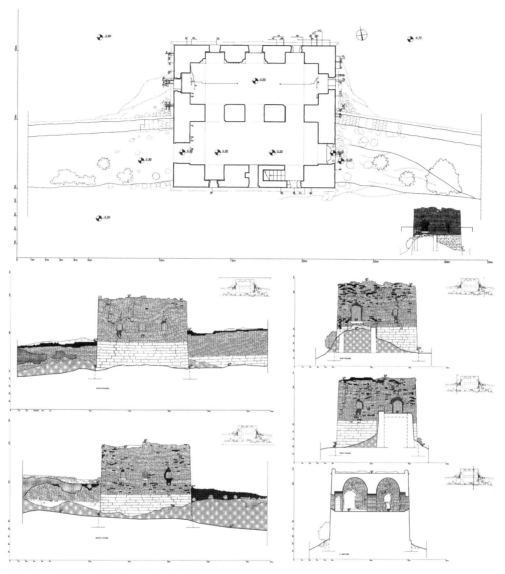

图4-31　徐流口长城敌台结构裂缝情况分析图

结构构件的不断损坏，必将出现整面墙体或整个建筑沉降或倾倒，该情况残损模型示意如图4-32所示。因此，基于结构裂缝的详细分析，可根据实际情况进行墙体结构的有序修复。

（四）徐流口地区长城修复步骤与策略

通过对于徐流口地区长城的全面调研，以及对于徐流口部分敌台的精细测绘，对徐流口地区长城的残损情况有了详尽了解，在实际操作过程中需遵循以下步骤进行进一步的保护与修复工作。

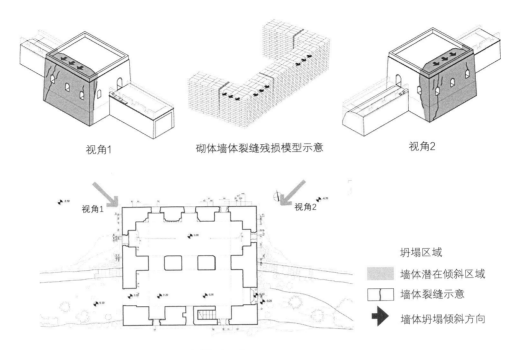

视角1　　　砌体墙体裂缝残损模型示意　　　视角2

视角1　　　　　　　　　　　　　视角2

坍塌区域
▨ 墙体潜在倾斜区域
▭ 墙体裂缝示意
➤ 墙体坍塌倾斜方向

图4-32　徐流口敌台结构裂缝残损模型示意图

（1）长城遗址结构预支护。修复工程进行之前根据长城建筑的结构残损状况需对遗址进行外部支护操作，以防止建筑结构的不稳定，预防修复性破坏。

（2）整理坍塌堆积的材料。首先需要对遗址建筑周围、内部及顶部的坍塌材料进行整理，并对不同材料进行分类整理，详细登记记录，部分完整材料回收利用，以便于下一步的局部归位修补。

（3）结构修补。对于长城建筑上的结构裂缝进行加固与修补，部分结构脆弱区域根据专业评估，在不影响风貌的前提下，可增加锚固措施。局部补充丢失的建筑材料，替换酥解和残损的砌体材料。

（4）清理立面与建筑内部表面。建筑立面与内部植被清除，修剪植物枝杈，但不可强行除根，需利用生物技术，使用对应的植被除草剂进行植被清理工作，以防止植物根茎移除过程中破坏建筑结构。采用物理机械方式或者化学方法清洗建筑表面，利用原有灰浆材料对缺损砖缝等进行勾缝填充处理。

（5）局部重塑长城建筑及其周边环境。综合评估该区域长城价值，设定展示利用形式，根据展示需求，在不破坏历史风貌的前提下，可局部重塑部分损坏的长城建筑，但修筑展示的内容必须是可逆的，尊重历史痕迹的。

四、长城遗址保护与修复建议

基于对明长城军事防御体系真实性与完整性的认知，以及明长城保护目前所面临的问题与困境，本书提出以下修复建议：

（1）明长城军事防御体系的修复应当遵从整体性与系统性的修复原则；

（2）以《长城保护条例》与各地方的长城保护规划大纲作为修复准则；

（3）以尽可能充分的历史资料作为有力依据，一切历史依据来源于文献；

（4）以精确的实地调研与遗产现状测绘为研究基础，一切修复方案始于测绘；

（5）以详细的遗产材料与残损分析作为保护价值评估的基础，修复方法应与现状严格对应；

（6）基于评估结果制定以展现遗产价值为出发点的保护与展示策略，不应以复原或旅游开发为首要目的进行长城保护工作。

本研究还需随着保护工作的不断深入，不断推进，争取早日在明长城保护工作中落实以明长城整体性防御体系保护为基本理念，以精准的遗址测绘为基础，以详尽的残损分析作为修复设计重要内容的长城保护修复理念，希望能为今后的长城文化遗产的保护与修复工作提供有效的策略方法与技术支持。

第五章　明长城保护规划大纲专题研究——以河北地区为例

第一节　明长城保护规划大纲研究背景及总体原则

一、明长城保护规划大纲研究背景

基于上文中对于明长城军事防御体系的整体性认知、长城文化遗产的价值评估体系建立、长城保护策略的探讨、长城遗迹修复原则与方法的研究等多方面内容，可以对现有的明长城保护规划大纲部分内容提出不同建议。长城保护规划大纲是各个省《长城保护规划》的前提条件，希望以全新的理念与科学的方法，为全国范围内长城沿线各省（自治区、直辖市）的长城保护规划的编制工作提供帮助与决策支持。

研究选取河北地区明长城作为保护规划大纲研究的试点，是因为河北境内拥有防御体系最完善、层次体系最复杂、军事聚落分布密度最大、遗址周边环境最为复杂的明长城文化遗产部分。同时，河北境内包含明长城蓟镇、昌镇、宣府镇与真保镇四个军事重镇，共同拱卫京师，长城防御工事与防御聚落修筑标准最高，故而遗址遗存保存至今防御体系仍较为完整。在此之前，天津大学六合建筑工作室长城研究课题组已经对河北地区明长城防御体系的物质遗存进行了大量前期研究与实地考察，依据河北省文物部门提供的长城资源调查数据，结合上文提到的长城保护管理与修复方法，融入明长城防御体系整体性保护策略，对于河北地区明长城保护规划大纲进行重新编制，以期为其他地区的长城保护规划编制工作提供指导与建议。

明长城保护规划大纲编制重点关注以下几方面问题：

（1）保护对象的认知界定：明长城保护规划大纲需要从长城军事防御体系层次性与系统性的角度进行保护对象的认定，以满足长城防御体系的整体性保护需求。

（2）价值评估的评价标准：需要基于明长城价值评估体系与评价标准，提出相应的价值认定方法，价值评估结果为下一步的保护管理与修复工作提供决策支持。

（3）保护范围的划定方法：需要对长城防御体系控制地带、各遗址要素之间的系统关系与空间关系进行整体性保护范围的界定，需要基于保护等级以及体系关系进行具体分析与调控。

（4）修复策略的理念方法：需要对长城修复内容与修复工作提出科学的理念与具体的方法，避免保护理念理解差异造成的长城遗迹的修复性破坏。

（5）展示策略的有效方式：从长城防御体系整体性视角出发，打破传统展示方式，丰富展示与布局手段，直观、有效地展现长城文化遗产的文化内涵。

二、明长城保护规划大纲编制的总体原则

通过对现有长城保护大纲的分析与比较，以及上文中对明长城整体性保护策略的研究与探讨，长城保护规划大纲的制定应当遵循以下编制原则：

（1）保护对象界定的整体性

保护对象的认知是保护规划的根本，只有对明长城保护对象的正确认知，才能保证长城保护规划的正确编制、保护工作的顺利实施。明长城文化遗产的保护对象应该是明代政府在军事防御制度与管理制度共同作用下修建形成的具有系统性与层次性的明长城军事防御体系，由长城本体、军事聚落体系以及与烽传驿传体系等共同构成，是长城相关的所有有形与无形的文化遗产总和。对于明长城文化遗产的保护不仅仅是长城各物质与非物质遗存的保护，同时还需保护作为军事文化理念的系统性与层次性关系。只有基于对长城防御体系认知的长城文化遗产保护过程，才能满足长城整体性保护的真实性与完整性需求。

（2）价值评估的精确性

明长城价值评估，不应该仅仅是笼统的价值描述，而应该基于明长城价值评估框架，以定性与定量相结合的模式对于明长城内在价值、保存价值以及经济价值进行全面评估与分析。明长城的价值评估结果，应该能够贯穿至整个遗产保护过程中，为每一步的保护工作提供评估数据支撑。

（3）保护区划与保护范围的完整性

明长城保护管理区划的制定，不应该局限于现今的行政区划范围，进行一刀切的保护管理范围划分，而是应该基于明长城的真实性和完整性的认知，以明代九边重镇分布的历史边界作为长城保护区划的界定标准，采用跨区域协同管理，作为明长城整体性保护策略的重要办法。保护范围的界定也不应只满足法律法规中所规定的单独防御工事的基本保护范围与建设控制范围，而应基于对明长城军事防御体系层次性的认知，利用空间和基础信息数据库，通过GIS技术综合分析各防御要素之间的影响关系，进行保护范围的叠加，从而获得明长城军事防御体系的完整保护范围。

（4）修复方式的准确性

明长城物质遗存的修复应该是基于遗存历史信息、现状残损分析之后，综合修复方式进行决策。明长城的修复工作需要在不抹去其任何阶段历史痕迹的同时，尊重历史信息，以遗迹遗存可以顺利保存与延续下去为原则，展现出文化遗产的最大价值。

（5）展示利用的有效性

明长城文化遗产的保护与展示工作应该在尊重原有遗产信息的基础上，以明长城完整的防御体系为展示对象，详细收集文化遗产信息，积极与先进技术相结合，与遗迹实物紧密相关，提供更为生动的展示方式与手段，使得长城文化能够得到最为有效的宣传与普及。

第二节　长城保护规划编制的内容及基本框架

一、长城保护规划编制的内容要求

长城保护规划需要基于长城总体性保护理念与修复原则进行编制，保护规划主要分为：全国长城总体规划、省（自治区、直辖市）级保护规划、地市级或重点区域内的长城保护规划，以及重点地段的长城保护详细规划四种类型（图5-1）。

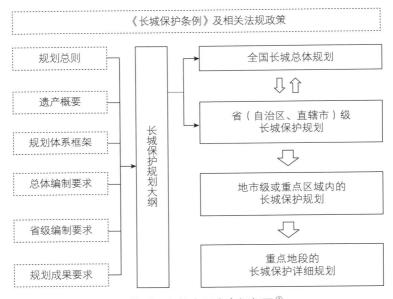

图5-1　长城保护规划体系及保护大纲内容框架图[①]

长城保护规划大纲主要分为六个方面：①基于《长城保护条例》以及文化遗产与文物保护相关法律，结合长城超大型文化遗产的实际特点，对长城保护工作提出总体性指导要求；②总结长城遗产概况，对长城文化遗产时空范围、保存现状等进行总结；③对长城保护规划总体性目标、原则、策略与要求进行梳理，确定规划编制技术保障机制；④对全国范围内总体性长城保护规划编制提

① 改绘自：中国建筑设计研究院建筑历史研究所. 长城保护规划大纲（讨论稿）[Z]. 2016.

出要求；⑤对省（自治区、直辖市）级长城保护规划提出具体的编制与内容要求；⑥规范规划成果，对于长城保护总体规划与省级长城保护规划的文件体例与图纸附件提出具体规定。长城保护规划大纲作为所有长城保护规划的基准，贯穿于整个保护规划编制过程中。

截至2016年底，长城沿线15个省（自治区、直辖市）的长城保护规划基本编制工作完成，并于12月在北京建筑大学举办的"《长城保护条例》颁布10周年纪念展暨学术研讨会"上进行展示与探讨。各省基于长城保护规划大纲的要求进行保护规划的编制，但仍存在很多不可忽视的问题，无法为下一步的长城维护工作提供有效策略。因此，基于上文提出的长城保护大纲编制的总体原则，从长城防御体系整体性理念出发的长城保护规划大纲编制工作迫在眉睫。

二、省级长城保护规划编制的基本框架

本书对于河北省长城保护规划大纲的编制，是在现阶段的《长城保护规划大纲》以及《河北省明长城保护管理规划（草案）》的基础上编制完成的。《长城保护规划大纲》中要求的省（自治区、直辖市）级长城保护规划框架如图5-2所示，详细明确了长城保护规划中的各项内容与要素。研究基于以上编制要求，制定了河北地区明长城保护规划大纲内容框架，见图5-3。

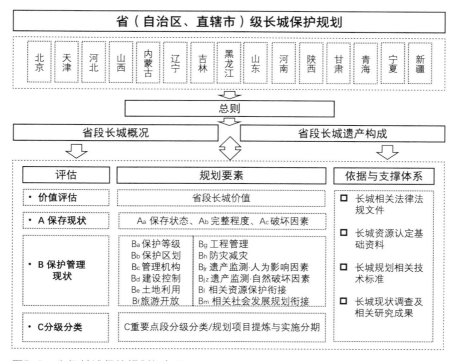

图5-2 省级长城保护规划框架图

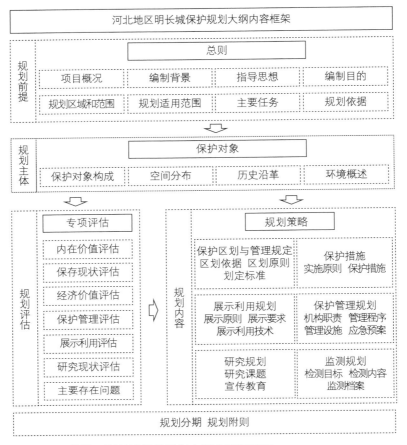

图5-3 河北地区明长城保护规划大纲内容框架图

第三节 河北长城概况及其保护发展

一、河北省明长城概况

河北省位于华北大平原北端，东临渤海，西倚太行，南越漳河，北跨燕山，军都山屏蔽于西北。其内环北京、天津，且为唯一与北京和天津接壤的省份，南北最大距离750千米，东西最大距离650千米，总面积为18.77万平方千米。河北省境内主要山脉和河流对河北的战略地形有重要影响，形成多处险要关隘，乃历代军事攻防重地。燕山山脉和太行山东北支脉构成河北北部地区外围屏障，沿桑干河及其支流河谷低地向东，绕过燕山山脉主体，可快速进入燕山山脉与太行山脉交会之处，即抵达宣化、怀来一带，几处重要关隘扼守往来通道。北京建都后，此处战略地位愈加重要。尤其是明代以居庸关、紫荆关、倒马关为"内三关"，与雁门、宁武、偏头"外三关"呼应，内、外夹峙，屏护京师西北；中部地区以真定（今正定）、河间为轴线，是中原政权与游牧民族争夺和掌控河北局

126

势的战略要地[①]。

河北省境内的明长城军事防御体系早期分属蓟镇和宣府镇管辖，嘉靖中期增设昌镇和真保镇。蓟镇和宣府镇直接面对北方游牧民族，与大同镇连同协动，共同形成北部第一道防线，战略位置前冲，防御任务极其重要；昌镇和真保镇负责内侧长城防务，主要用以防御第一道防线突破之后由北部和西部来犯之敌。昌镇北接宣府，东接蓟镇，南连真保镇，并与西部的山西镇相连，形成第二道防线。南部真保镇则依托太行山，向南延伸至河北南部，以防由山西来犯之敌对北京的冲击，形成河北西部的重要防线。河北境内的四个军事重镇，既可单独防御，又可联动布防，在境内北部、西北部及西部形成了多层次、长纵深的严密防御体系。河北境内四镇与周边辽东镇、山西镇、大同镇紧密衔接，共同构成了明代北部边疆的完整防御体系。

河北明代长城的修建过程，可分为三个阶段：明前期（洪武至正统）、明中期（正统至嘉靖）、明晚期（嘉靖至崇祯）。永乐七年（1409年）设置了宣府镇；成化年间，设蓟州镇；嘉靖三十年（1551年），于北京西北增设了昌镇和真保镇；万历年间，又从蓟镇分出山海镇。

（1）宣府镇

宣府镇长城军事防御体系多分布于河北西北部山区地带，地势险要，关口道路众多，逐渐形成了"惟守御为上策，宜分兵扼要害，而间遣精锐巡塞外，遇敌则量力战守，间谍以侦之，轻兵以蹑之"[②]，具有宣府镇特色的区域性的战略防御特征。宣府镇军事防御体系，随着明朝政府对于边疆防务政策的改变不断变化发展。宣府镇最终形成下辖南山路、东路、上北路、下北路、中路、上西路、下西路、南路共计八路防区共同联防的防御模式。

（2）蓟镇

蓟镇长城所辖军事防御体系多分布于燕山山脉之中，东面临海，北部御敌。蓟镇总兵官驻守在今唐山市迁西县县城三屯营镇城。蓟镇全线分为十二路，各路城驻分守参将，其中东路协守下辖山海路、燕河路、石门路、台头路，中路协守下辖太平路、喜峰口路、松棚路和马兰路，西路协守下辖墙子路、曹家路、古北口路和石塘路。各路下设关隘与城堡若干[③]。

（3）真保镇

真保镇所辖军事防御体系分布于太行山山脉沿线，总兵驻保定城，春、秋两防时驻浮图峪，分驻马水口、紫荆关、倒马关、龙泉关、故关，军事位置险要。明嘉靖三十二年（1553年）改镇守总兵官，总兵驻保定（今河北保定），标志着

① 张玉坤. 中国长城志：边镇·堡寨·关隘[M]. 南京：江苏科学技术出版社，2016：175-177.
② 张廷玉，等. 明史·卷一百五十五·列传第四十三[M]. 北京：中华书局，1974.
③ 王琳峰. 明长城蓟镇军事防御性聚落研究[D]. 天津：天津大学，2012.

真保镇正式成立。明万历元年令真保镇春、秋两防时移驻浮图峪[1]。

（4）昌镇

昌镇军事防御体系下设黄花路、居庸路和横岭路镇守，镇治位于今北京昌平。昌镇由于其屏蔽京师，地理位置极其险要，在长城修建规制较高[2]。昌镇防区自嘉靖三十八年（1559年）分立出来后，裁副总兵，改提督武臣为镇守昌平等处总兵官，驻昌平州城，听蓟辽总督节制，标志着昌镇的最终确立。蓟、昌原本一镇，关联最密。明代将九边防卫作为护国之根本，蓟、昌二镇拱护陵寝的作用甚至比九边事宜更重，其战略作用不言而喻，况且昌镇本就是出于护守陵寝的需求才从蓟镇分设出。昌、蓟二镇共同设关联，对于陵山形成连环防御的态势[3]。

二、河北省长城保护发展

2013年，河北省人民政府办公厅发布《河北省文物保护项目总体方案》[4]，其中指出河北省长城保护工作需根据国家文物部门相关规定，编制《河北省明长城总体保护规划大纲》以及重点地段的抢险保护工程方案，完成明长城山海关后续工程、九门口、板厂峪、喜峰口、金山岭、大境门、乌龙沟、白石岭、龙关、万全卫城等重点地段的保护修缮工程。2017年2月，河北省开始实施《河北省长城保护办法》，该办法是基于河北省长城文化遗产的自身特点对于《长城保护条例》的具体细化，从河北省长城修复原则、保护管理责任、维护监察措施等方面对河北省长城保护工作相关法律法规进行落实。

自河北省开始实施长城维修与保护工作以来，依法批准共计完成长城保护工程8项，完成长城保护修缮工程设计19项，已经立项8项，但由于早期长城文化遗产管理混乱，未形成科学的保护体系，有3处长城遗址未经审批便擅自进行了修复，同时还有7处长城区域已经进行过保护修复，但由于保护措施方法有限，仍然需要再次修复加固，河北省内现存80余处长城遗迹急需修复[5]。由此可见，河北省内长城保护与修复状况不容乐观。

随着社会各界对于长城文化遗产的保护热情越发高涨，结合社会与科技发展的新趋势、新需求，借助社会各界力量，河北地区开展多项长城文化遗产保护与利用活动，具体内容见表5-1。

① 李建丽，李文龙. 河北长城概况[J]. 文物春秋，2006（05）：19-22.
② 李建丽. 河北明长城军事管理体制及兵力配置[J]. 文物春秋，2008（06）：25-32.
③ 张玉坤. 中国长城志：边镇·堡寨·关隘[M]. 南京：江苏凤凰科学技术出版社，2016：183-184.
④ 河北省人民政府办公厅. 河北省文物保护项目总体方案[Z]. 2012.
⑤ 河北省古代建筑研究所. 河北省明长城保护管理规划规划：规划说明[Z]. 2016.

河北省长城保护相关举措汇总表　　　　　　　　　表5-1

编号	时间	河北长城保护相关事件	保护内容
1	2013年7月	《中国长城志》编辑部、天津大学建筑学院师生开展遵化长城测绘	遵化市邀请《中国长城志》编辑部、天津大学建筑学院20余名师生对遵化境内明长城进行为期一周的信息采集与现场实测，为之后的保护规划工作奠定基础
2	2014年9月	金山岭长城举办"数字长城保护工程"启动仪式	活动由中国长城学会、国际自然与文化遗产空间技术中心主办，将数字化技术全面引入长城保护工作之中
3	2017年12月	签订《长城保护合作协议》	河北省文物局与河北地质大学签订《长城保护合作协议》，共同促进河北长城文化遗产的整体保护工作
4	2018年5月	喜峰口西潘家口段长城保护维修工程	资金来源为中国文物保护基金会与腾讯公益平台共同启动的"保护长城，加我一个"主题的长城保护公募项目，一期共有17.4万多人参与，筹款逾281万元
5	2018年8月	"2018新闻媒体长城行"活动	由河北省文物局主办，为汇聚社会各方力量，搭建长城保护工作与社会大众沟通的平台，共同探讨新时代下保护长城的现实意义

第四节　河北地区明长城保护规划大纲内容分析

河北地区长城保护规划大纲需要确定长城总体规划原则，确定规划主体、规划目标、规划方向和内容框架，制定评估体系，为指导《河北长城总体保护规划》制定规范性技术要求。下文将从河北明长城保护对象界定、遗产价值评估、规划策略、保护范围划定、保护修缮原则以及保护与展示策略等方面，针对河北地区明长城特点作详细说明。本节中基于保护大纲的重点内容进行选择性讨论。

一、河北地区明长城保护对象界定

本规划大纲中的保护对象为完整的河北明长城军事防御体系，同时还包括了天津与北京境内的蓟镇与昌镇长城。基于明代军镇划分事实，对于京津冀地区明长城进行总的区域划分与保护规划制定，所涉及区域包含了明代蓟镇、昌镇、真保镇与宣府镇在内的所有长城军事防御体系，跨行政区进行保护区域的划分。由于大纲以河北省境内长城为主体，以下仍称河北明长城保护大纲。京津冀地区明长城军事防御体系本身：长城本体、明长城聚落、明长城烽传与驿传系统、相关遗存等物质层面的有形文化遗产与长城相关无形文化遗产，以及长城文化遗产所依托的周边环境：自然环境、人文环境、军事文化等自然和历史文化资源，这些有形与无形文化遗产共同构成了明长城防御体系。

河北现存有战国至明代多个不同历史时期的长城，明代长城由于历史时期较近，修筑规制较高，保存也较为完好。经国家文物局审查认定，河北境内的明长城，行经秦皇岛、唐山、承德、张家口、保定、石家庄、邢台、邯郸等8市40个县，分属蓟镇（昌镇、真保镇）和宣镇，总长1338.63千米，长城墙体共1153段，包括单体建筑5388座、关堡302座、相关遗存156处[①]，其中包砖长城总长度在全国包砖长城中占有极大比重。此外，还有存留战国至金代的早期长城遗迹1159.9千米，包括单体建筑遗址915座、关堡遗址70座、相关遗存26处。天津境内长城现总长度为40283.06米（其中长城墙体长26886.73米，山险长13396.33米），敌台85座，烽火台4座，寨堡9座，关城1座，其他相关遗存107处[②]。北京境内长城单体建筑有敌台、马面1526个，关隘、城堡199处，烽火台154座，还存有挡马墙、窑址、采石场等相关遗存。京津冀地区长城军事防御体系，依托复杂的自然建设，层层设防，形成了拱卫京师的重要防线。

二、河北明长城文化遗产价值评估

基于第三章中对于明长城文化遗产价值评估体系的讨论，大纲对于河北地区明长城价值评估工作也给出相应的调整建议。对于河北明长城的专项评估工作，应该包含内在价值评估、保存现状评估、经济价值评估、展示利用评估以及研究现状评估等内容，并对现有长城保护、研究、管理等过程中出现的问题予以总结，下文仅对与以往保护规划大纲价值评估部分有显著差异的评估内容进行展示。

（一）河北明长城价值评估体系
河北地区明长城价值评估体系分为内在价值评估、保存价值评估以及经济价值评估等多方面内容。
（1）内在价值评估包括了明长城军事防御体系的历史价值、艺术价值、科学价值、社会价值以及文化价值等方面的定性价值评估。
（2）保存价值评估分为遗产价值与环境价值两部分定量价值评估。其中的遗产价值评估对象包括了明长城本体、防御聚落、烽传与驿传系统以及相关附属遗存几个方面；环境价值评估包含了长城军事防御体系周边的自然环境、社会环境、经济环境以及人文环境等方面。

---

① 河北省古代建筑研究所. 河北省明长城保护管理规划：规划说明[Z]. 2016.
② 天津大学建设设计研究院. 长城天津段遗产保护规划（2015—2025年）：规划文本[Z]. 2015.

（3）经济价值评估包含明长城军事防御体系整体的直接经济价值与间接经济价值两方面。

（二）河北明长城内在价值评估

（1）历史价值

明长城作为完整的军事防御体系是中国明代军事的重要防御设施，是当时社会、军事、政治的历史见证。明长城军事防御体系，由大量边墙、军事聚落、烽传与驿传系统等共同组成，同时伴有军事政治、屯田贸易、民俗文化等多方面因素。明长城分布于农牧文化的交错地带，是农耕文化与草原文化交流与汇聚之所，是一个集军事防御和民族交融于一体的"秩序带"。战争时期，长城是不同政权之间强有力的防御工事，和平时期长城沿线的军事聚落则成了不同民族之间互通有无、贸易往来的纽带。明长城军事防御体系是北方各民族之间的战争与和平、兴盛与衰落的重要历史见证。河北地区明长城军事防御体系最完善、层次体系最复杂、军事聚落分布密度最大、遗址周边环境最为复杂，具有重要的历史价值。

（2）艺术价值

明长城军事防御体系成为毋庸置疑的杰作，不仅体现在它宏大的军事战略思想，也同时体现在其建筑建造的完美性。河北地区明长城大多分布于辽阔雄伟的山川之间，其地理分布、空间布局、建筑形制与自然环境完美结合，因地制宜，相辅相成，是建筑与景观融合的完美范例，充分体现了古代先贤的军事指挥、建造技艺以及审美情趣，不论在当时还是后世，都是重要的文化人文景观，具有重要的艺术价值。

（3）科学价值

河北地区明长城军事防御体系作为中国历史上最为伟大的防御工事之一，反映了当时最先进的军事思想、防御技术以及科技水平。整个体系整体上管理制度分明，层次体系清晰，具有极高的军事科学研究价值。同时各段边墙、建筑单体与聚落的选址布局、建造技艺、施工工艺等都反映了当时最高的建筑思想与构筑水平，具有重要的科学价值和研究意义。

（4）社会价值

历史上，长城军事防御体系作为重要的人类栖居地，是戍守沿边地区人们重要的生活载体，同时也是社会组织结构和社会关系的重要体现，这些军事聚落也在社会经济和文化的影响下持续发展至今，具有重要的社会影响力。对河北地区明长城的科学保护与展示，可以大大增进公众对于长城历史的认知与理解，提高民众对于长城的保护热情，推动文化遗产保护工作的顺利实施。河北地区长城的合理保护与开发，也可带动周边区域经济文化的快速发展。同时，长城作为中华民族历史与文化的重要象征，应更好地展现于世界面前，传承民族精神，传播中华文化。

（5）文化价值

河北地区明长城军事防御体系因规模尺度巨大、防御需求特殊，分布于山地、平原等多种地理环境之中，且多处于农牧民族交界处，因此带有多民族、多区域的文化多样性特征。基于明长城防御体系的建设、发展与变迁，明长城沿线也产生了大量的文化活动与文化空间，时至今日，伴随着长城遗迹遗存保留与发展，形成了珍贵的无形文化遗产，得以延续与传承。明长城文化遗产作为重要的文化载体，在保留其有形文化遗产的同时，也保留了独特的文化景观与大量的无形文化遗产，具有珍贵的文化价值。

（三）保存现状评估

对于明长城防御体系的保存价值（现状价值）可用定量方式进行评估，分为遗产价值与环境价值两个方面。

（1）遗产价值评估主体包含以下几个方面：

1）本体建筑（墙体、敌台、墙台、烽火台、墩台）；

2）防御聚落（镇城、路城、卫城、所城、堡城、关城、驿城、哨所）；

3）烽传与驿传体系；

4）相关遗存。

各部分评估要素的评价因子主要包括：久远度、空间布局、建筑材质、建筑形制、军事作用、无形文化遗产、保存现状等多方面内容，评价标准根据各部分遗产属性的不同，又存在一定差异性。

（2）环境价值评估主体包含以下几个方面：

1）自然环境；

2）社会环境；

3）经济环境；

4）人文环境。

自然环境中涉及与遗产相关的大气环境、水文环境、地质地貌、物种条件等多方面因素，社会环境包含了周边社会的物质与精神因素，经济环境包含了影响文化遗产的产业、能源、发展规划等方面，而人文环境则包括了遗产价值、旅游开发以及人文景观等相关内容。每个部分有其特有的评价指标，需要根据保护内容进行详细的信息收集与评估工作。

此部分内容可根据当地实际的环境状况进行客观评定，评定数据同样可结合明长城基础信息数据库直接生成评价等级结果。

（四）经济价值评估

对于河北地区明长城进行经济价值评估，可通过直接经济利益获得长城使用价值，通过条件评估法，利用问卷调查获得长城文化遗产的非使用价值，指导河北地区相关文物保护机构制定河北明长城保护的管理制度，加大相关经济支持力度。

三、河北明长城规划策略

（一）规划原则

（1）以"保护为主、抢救第一、合理利用、加强管理"为河北地区长城保护工作方针，依据相关法律法规严格保护河北明长城文化遗产资源，确保保护管理工作合法、合理、规范、有序。

（2）坚持"最小干预""原状保护、局部加固、重点修缮"原则，保持河北明长城的真实性、完整性、延续性，全面地保存并延续河北明长城的真实历史信息及全部价值。

（3）坚持文物保护的可持续发展原则，根据河北地区明长城现状特点，结合周边村镇发展的规划目标和河北明长城的社会功能，在不改变文物原状的前提下，系统协调文物保护、生态环境、社会经济发展等多方面关系，力争做到文物保护与区域社会发展目标相一致，确保文物保护利用过程中的可持续和可延续性。

（4）提倡文化遗产保护的公共参与，引导公众对河北地区长城保护工作的关注，提高全民的文物保护意识，形成长期有效的公众参与机制[①]。

（5）明长城跨越诸多省市的行政区划边界，京津冀三地是其典型的连续布防区域。河北地区明长城保护规划可以在京津冀经济一体化协同发展基础上，以保障三地历史文化的连续性、整体性为原则，充分发挥三地协调机制的优势，为克服属地管理制约，实现明长城一体化、原真性、完整性的整体保护，提供有利契机和便利条件。

（二）规划目标

（1）整体保护，协同管理，突出重点。

（2）重新划定保护范围及建设控制地带。

（3）制定跨区域联合保护管理规定。

（4）明确规划分期任务。

（5）为其他地段保护规划大纲的制定提供示范。

（三）规划对策

（1）厘清河北明长城军事防御体系的时空分布格局，明确河北及周边地区明长城跨界节点和原所属军事防御层次体系。

---

① 河北省古代建筑研究所. 河北省明长城保护管理规划：规划说明[Z]. 2016.

（2）建立明长城军事防御体系基础信息数据库及时空可视化共享平台。

（3）建立京津冀协同明长城军事防御体系整体性保护管理机制框架，为实现三地联合管理、共同保护和协同开发奠定基础。

（4）制定河北地区明长城整体性保护策略和政策建议，制定跨区域协同整体性保护管理办法，为明长城全线总体保护策略的制定提供借鉴。

四、河北明长城保护范围划定

各层次体系保护范围的界定是长城整体保护区划的重要组成部分和前提。对河北明长城的保护区划，需要从明长城军事防御体系系统关系的角度出发，进行范围界定。各层次体系保护范围的界定要考虑长城本体、各层级军事防御聚落、烽传与驿传系统、各构成要素依托的自然地形地貌、相关文化遗存等所有文化遗产的相互关系，利用GIS技术综合分析各影响因素，对各层次军事聚落进行划界研究。

保护范围的界定分为以下几个方面：

（1）基于整体性的保护层次与保护等级划分

在全面了解河北地区长城防御体系构成以及各遗产要素之间的相互关系的前提下，从长城防御体系物质遗存保护范围、防御控制范围以及周边景观视线范围这三个层面进行保护范围与建设控制范围的总体界定。

（2）基于真实性的长城物质遗存的保护范围界定

对于河北地区长城防御体系的物质遗迹的保护范围界定，需要对境内长城遗迹遗存进行全面的保存价值评估，对其遗产价值与环境价值进行价值等级评定，基于评估结果，根据相关遗迹遗存的重要程度，对其进行保护范围的界定。长城本体、各层级军事防御聚落、烽传与驿传系统、相关遗存等需要满足国家文物保护与长城保护管理的基本规定，在严格执行基本的长城保护范围界定的基础上，对于重点区域，进行更为严格的、面积更大的保护范围划定。

（3）基于系统关系的防御体系控制范围的界定

河北地区长城防御控制范围包括了长城本体与军事聚落之间、驿传系统之间的可达域，烽传系统之间可视域范围，同时还包括了明代居庸关防御防御武器的威胁控制范围等。居庸关防御的防御控制范围，应是居庸关关沟道路范围、信息传递视线范围、武器控制范围相互叠加，共同构成的系统性控制范围。

（4）基于完整性的物质遗存与周边环境的共同保护

河北地区长城防御体系保护范围不仅要对明长城物质遗存与防御控制范围进行范围界定，同时还需要保护长城防御体系所依托的周围环境。长城防御体系的山体、水体是长城选址、防御性的真实体现，与此相关的自然地貌也应划入保护范围之中。

（5）基于环境复杂性的三维保护范围控制

河北地区明长城保护范围的划定不应该仅仅停留在遗迹表面及其周边环境的二维范围之内，明长城文化遗产地下空间以及上空空间均应包含在所划定的保护范围之中，以防止由于周边环境的破坏导致长城军事防御体系遗存的坍塌与残损，形成三维的保护范围与控制地带范围区域划界。

五、河北明长城保护修缮原则

（1）明长城军事防御体系的修复应当遵从整体性与系统性认知的修复前提。

（2）以精确的实地调研与遗产现状测绘为研究基础，以尽可能充分的历史资料作为有力依据，原状保护、局部加固、重点修缮。

（3）加强长城日常保养维护力度，维护工作必须按照规定严格施行。

（4）以详细的遗产材料与残损分析为保护价值评估的基础，消除长城遗迹遗存安全隐患，进行抢险加固。

（5）遵守"不改变文物原状"和"最小干预"的原则，长城保护维修工作必须坚持长城的原形制、原结构、原工艺，优先使用原材料。

（6）基于遗迹价值评估结果，制定以展现遗产价值为出发点的保护与展示策略，对于已经损毁的长城遗址，应当实施遗址保护，不得进行原址重建或大规模修复，不应以复原或旅游开发为首要目的进行长城保护工作。

（7）周边环境是长城文化遗产的重要组成部分，保护维修应注重与环境治理相结合。

六、河北明长城动态保护与展示策略

在长城文化遗产的保护与展示过程中，应当突破传统博物馆式的保护方式，采取动态保护的方式，即以长城防御体系的真实场景（建筑、环境、人）为展示内容实施保护。长城军事聚落自古就离不开人的活动，无论是戍守、战争、贸易，还是屯耕，现代仍有大量军事聚落是人们赖以生存的家园，长城墙体的修筑与自然环境密不可分，甚至削山为墙，真实场景的展示更能使人身临其境、接近历史。通过建立动态博物馆示范工程，完善保护方法、技术手段、管理模式、经济运作方式。

根据河北地区明长城文化遗产的价值特征，提出以下三类动态展示策略：

（1）历史信息复原模拟展示

通过基于基础信息的空间分析，复原缺失的历史信息。GIS数据库长城遗产的空间数据与电子沙盘技术结合，从整体到局部实现：长城防御体系与自然环境的整体空间分布展示；长城层次体系分布与地理环境的防御体系展示；长城防御体系的层层设防关系展示。例如，长城防御体系烽传系统中的烽火台及烽传线路遗存不多，驿传系统中的递运所和急递铺也所剩无几，实地考察与史料记载皆难以获得完整的历史信息。通过GIS的空间分析技术，还原烽传线路和驿传线路，为长城及军事聚落的动态保护提供历史依据。

（2）虚拟现实场景再现展示

通过完善虚拟现实技术，再现历史场景。利用无人机航拍获取全景漫游及三维点云模型，通过GIS空间分析对具体地段的敌人进攻路线、长城的选址与地形的空间关系、烽火台的可视域等进行接近历史真实性的复原。利用空地一体化成果、三维点云、录像、高精度照片和360度全景动画，结合影视领域的三维动画技术，实现重点地段历史场景复原、重要历史事件场景再现等虚拟展示。

（3）动态博物馆展示技术

基于以上基础信息和虚拟技术的成果，与地方文物保护合作，完善博物馆的虚拟展示内容和技术，运用电子沙盘、立体影片、虚拟现实、三维动画、建筑投影等现代技术与长城遗址真实结合，开发长城防御体系和真实自然环境的展示，实现河北明长城文化遗产的整体性展示技术开发。观众首先在博物馆内预览虚拟现实的历史复原，再走到室外，完成长城墙体、关隘、堡寨、烽传与驿传线路等完整的防御体系构成要素，体会防御体系与自然环境的密切联系。将长城博物馆的展示从静态（图片、文字、建筑）展示提升到动态展示，即以长城防御体系的真实场景（建筑、环境、人）为展示内容进行展示，从而将明长城的历史原真性传达给公众、传承给后代。

结　语

　　明长城军事防御体系的遗产保护工作，应该以整个明长城防御系统作为完整研究对象，而非对独立的遗产要素进行单独保护。只有在认清长城保护对象的前提下，才能实现长城文化遗产的完整性保护。

　　（1）研究成果总结

　　本书按照文化遗产保护的全过程，从明长城军事防御体系真实性、完整性的认知起始，对明长城的系统性与层次性进行全面分析，总结明长城的有形文化遗产与无形文化遗产在内的全部构成要素，从而进行完整的明长城基础信息数据库的建设工作，作为明长城保护工作的重要数据支撑。数据库的建设，从空间人文视角，基于时空语境，结合GIS、遥感技术与计算机分析技术，获取全面、真实的遗产信息，建构多层次、多维度的时空信息数据库，建立全面、准确的明长城防御体系基础信息系统，数据库分析结果可用于长城保护范围划界，同时根据数据库在未来的长城文化遗产保护工作中的作用，实现面向不同使用人群的云GIS数据应用与发展。

　　构建基于多学科的明长城文化遗产价值评估体系，从明长城内在价值、保存价值与经济价值三方面着手，以定性与定量相结合的模式对明长城文化遗产进行完整的价值评估，对于明长城文化遗产的历史价值、艺术价值、科学价值、社会价值以及文化价值进行客观分析。详细制定评价内容、分类依据、评价标准、工作流程等，对明长城文化遗产的保护工作具有重要意义。通过对于明长城文化遗产内在价值的定性分析，为之后的长城文化遗产研究提出准确的研究与保护方向，力求充分挖掘明长城防御体系的完整价值。明长城保存价值评估能够促使相应的等级评定结果，直接为以后的保护利用设计工作提供客观的数据支撑和决策支持。对于长城经济价值的评估，直接调查或询问人们对长城文化遗产价值的支付意愿，将大众对长城军事防御体系的保护和消费意愿量化，从而可以较为精确地统计明长城经济价值。

　　提出基于历史事实的跨行政区的保护区段划界办法，全面协调大的保护区划范围内的长城资源所属保护单位，统一制定保护规划，制定符合真实性的分段管理与分级保护策略，试行跨区域管理模式。提出基于长城层次体系的系统性保护范围界定方法，从物质遗存范围、防御控制范围、景观控制范围三个层面，进行逐级的保护范围界定。各层次体系保护范围的界定要考虑各遗产要素依托的自然地形地貌、相关文化遗存等所有文化遗产的相互关系，利用GIS技术综合分析各影响因素，对各层次军事聚落进行划界研究。区别于以往的保护范围划定办法，真实反映长城军事防御体系的系统关系以及尽可能完整地保存明长城相关遗迹遗存。

　　明长城的保护与修复工作应当以尊重明长城军事防御体系的真实性与完整性为基本原则；坚持以保存长城遗址现状为前提、以抢修加固为主要任务的修复理念；避免开展大范围的长城重建与复建工程，修复结果需要具有可识别性；同时，需要保证长城军事防御体系遗迹遗存与周边环境风貌的共同修复。探讨明长城保护与修复技术，选取河北唐山徐流口地区长城，对其整体性保护理念以及具体修复方法进行实际探讨。对于具体地段长城防御工事的历史与现状进行区域分析、建筑测绘以及详细的残损分析、保护评估分析，基于分析结果进行最终的保护修复策略的制定与修复方法的探讨，以此为今后的长城保护修复工作提供一定的理论支持与借鉴。

　　通过全书对于明长城军事防御体系整体性保护策略的探讨，对明长城保护规划大纲的编制工作提出一定的意见与建议。与传统长城保护规划思路不同，该保护规划从明长城的保护对象、遗产价值评估、跨区域的规划策略、保护范围划定、保护修缮原则以及展示利用策略等方面，针对明长城特点进行详细规划说明，希望以全新的理念与科学方法，为长城保护规划的编制工作提供帮助与决策支持。

　　（2）研究存在的不足

　　由于现阶段资料、考察范围与研究周期所限，本书还存在很多不足。在明长城基础信息数据库建设过程中，由于长城遗迹遗存的消失或史料记载的缺失等问题，部分地区大量数据仍处于空白状态，影像资料也亟待补充，天津大学六合建筑工作室已经与台湾"中研院"地理咨询科学研究专题中心合作，将补充大量历史航拍影像照片，作为研究长城遗址变迁的重要依据。

　　明长城文化遗产价值评估框架已经搭建完成，评估流程也基本确立，同样是因为数据不完整性等问题，下一阶段在补充数据信息的同时，需要基于数据信息展开具体区域内的长城价值评估示范。

　　基于明长城防御体系的保护区划与保护范围划定的方法，需要更为系统化与规范化，希望完整的长城军事防御体系能够早日被列入长城保护范围之中，进行保护规划，具有法律效力，以减缓其破坏与衰败。

　　长城物质遗存的修复设计工作仍在持续开展，希望基于长城遗迹真实性与完整性的修复理念，尊重长城残损状况的修复方法，能够早日得以实践，也希望在长城遗址的保护工作中能够使用更多先进修复技术。

　　明长城文化遗产的研究与保护工作任重而道远，现阶段研究成果与保护理念仍需要进一步完善。长城的保护工作需要同时考虑到社会各界的共同参与。长城文化遗产保护的研究者与管理者，一方面需要自上而下地对长城保护策略与保护方法进行研究与实践；另一方面，应当充分考虑到广大民众自下而上对于长城保护工作的影响与贡献。在提升大众对于明长城防御体系整体性价值认知的前提下，将有序管理与自发保护相结合，不断学习科学的遗产保护理念与文物修复方法，为伟大的长城文化遗产得以完整地世代相传，不断努力前行。

附录　明长城军事防御体系经济价值评价问卷调查

明长城军事防御体系总体概况

　　明代长城是历代长城中体系最严密、留存最完整的长城军事防御系统，由长城本体、军事防御性聚落、信息传递系统等军事工程和其他防御工事组成，同时伴有相关无形文化遗产（图1）。明朝自洪武初年开始，在之前历代长城的基础上构筑防御工事，不断修筑加建长城防御体系，直至明代末期，形成完整的军事防御体系。明长城现存墙体全长8851.8千米，长城沿线单体建筑共计17449座，关、堡等军事防御聚落共计1272座，相关遗存142处。2017年，是长城军事防御体系被列入《世界遗产名录》30周年。然而，在我国城市化快速发展过程中，长城军事防御体系正处在前所未有的冲击和破坏中。随着明长城破坏的日益严重，社会各界对于长城保护与修复工作逐渐重视。

图1　徐流口地区长城风貌

明长城军事防御体系经济价值评价问卷调查

您好！我们是天津大学建筑学院的学生，在此进行长城文化遗产调研。本问卷仅用于长城文化遗产保护学术研究，感谢您的配合！祝您旅途快乐！万事胜意！

个人基本信息（本问卷所涉及个人信息均用作学术研究，别无他用，见谅！）

（1）性别：男□　　女□

（2）年龄：18岁以下□　　18-25岁□　　26-40岁□　　41-60岁□

　　　　　　60岁以上□

（3）婚姻状况：未婚□　　已婚□

（4）子女状况：无□　　有□　　数量____

（5）年收入：0-5万□　　5万-10万□　　10万-15万□　　15万以上□

（6）文化程度：初中及以下□　　高中□　　大专（高职）□

　　　　　　　　本科□　　硕士□　　博士□

（7）所生活的城市是否有长城遗迹：是□　　否□　　您来自省市_____

参观信息

（1）您曾去长城景区或遗址参观过____次，您在长城遗址停留了____小时。

（2）您到长城旅游的花费总额是____元/人/天。

（3）如果有机会，您是否愿意再长城参观？

　　　　是□　　否□

（4）您觉得长城的参观经历和您预想的是否一致？

　　　　非常一致□　　比较一致□　　不太一致□

（5）您是否参观过长城景区周边的其他景区？

　　　　是□，景区名称_____　　否□

（6）您觉得对于长城的参观是否满意？

　　　　非常满意□　　一般□　　不满意□

（7）您认为长城遗址的保护情况如何？

　　　　基本保存完好□　　一般，有部分破损□　　很差，破损严重□

价值认知

（1）您在参观之前是否对长城有一定的了解？

　　　　没有了解□　　部分了解□　　相当了解□

（2）您认为将长城作为世界文化遗产保护是否需要？

　　　　不需要□　　一般需要□　　非常需要□

（3）存在价值：不出于任何利己的考虑，您是否愿意捐助一定金额，保护长城的存在。

是□　　否□

如果愿意，您接受的捐助金额是

5-10元□　　　10-50元□　　　50-100元□　　　100元以上□

（4）选择价值：您是否愿意捐助一定金额，使长城得以长时间地保存，以便您将来的参观。

是□　　否□

如果愿意，您接受的捐助金额是

5-10元□　　　10-50元□　　　50-100元□　　　100元以上□

（5）遗产价值：您是否愿意捐助一定金额，让子孙后代也能看到长城文化遗产。

是□　　否□

如果愿意，您接受的捐助金额是

5-10元□　　　10-50元□　　　50-100元□　　　100元以上□

（6）如果您不愿意做出一定捐助，原因是什么？

□　保护长城是国家和政府的责任

□　没有可靠的捐助途径

□　个人捐助并不解决问题

□　我目前没有能力支付这些费用

□　我不能从中获得好处

□　认为保护这些遗产不重要

□　其他原因

参考文献

古籍

［1］张廷玉，等. 明史[M]. 北京：中华书局，1974.

［2］明实录[M]. 中央研究院历史语言研究所，校勘. 上海：上海书店出版社，2018.

［3］顾祖禹. 读史方舆纪要[M]. 北京：中华书局，1955.

［4］刘效祖. 四镇三关志（明万历四年刻本）[M]. 北京：北京出版社，1998.

［5］王国良. 中国长城沿革考[M]. 上海：商务印书馆，1931.

［6］张廷玉，等. 明史[M]. 北京：中华书局，1974.

［7］夏燮. 明通鉴[M]. 北京：中华书局，2009.

［8］李东阳，等. 大明会典[M]. 扬州：江苏广陵古籍刻印社，1989.

［9］谭纶，等. 谭襄敏公奏议（明万历二十八年）[DB/OL]. 剑桥：哈佛大学图书馆. [2019-06-11].
      https://curiosity.lib.harvard.edu/chinese-rare-books/catalog/49-990083604260203941.

［10］戚继光. 戚少保奏议[M]. 张德信，校释. 北京：中华书局，2001.

［11］顾祖禹. 读史方舆纪要[M]. 北京：中华书局，1955.

［12］魏焕. 皇明九边考[M]. 中华文史丛书影印明嘉靖刻本. 台北：华文书局，1969.

［13］兵部. 九边图说：玄览堂丛书初辑[M]. 台北：正中书局，1981.

［14］郭造卿. 卢龙塞略[M]. 明万历刻本. 薄音湖，于默颖，编辑点校//明代蒙古汉籍史料汇编：卢龙塞
      略九边考三云筹俎考（第6辑）. 呼和浩特：内蒙古大学出版社，2009.

［15］徐准. 永平府志（万历二十七年）[M]. 涂国柱，纂//董耀会，主编. 秦皇岛历代志书校注永平府志.
      北京：中国审计出版社，2001.

书籍

［16］赵现海. 明代九边军镇史——中国边疆假说视野下的长城制度史研究[M]. 北京：社会科学文献出版
      社，2012.

［17］张维华. 中国长城建置考[M]. 北京：中华书局，1979.

［18］文物编辑委员会. 中国长城遗迹调查报告集[M]. 北京：文物出版社，1981.

［19］中国长城学会. 长城国际学术研讨会论文集[M]. 吉林：吉林人民出版社，1995.

［20］罗哲文. 长城[M]. 北京：旅游出版社，1988.

［21］罗哲文，刘文渊. 世界奇迹——万里长城[M]. 北京：文物出版社，1992.

［22］华夏子. 明长城考实[M]. 北京：档案出版社，1988.

［23］董耀会. 瓦合集[M]. 北京：科学出版社，2004.

［24］景爱. 中国长城史[M]. 上海：上海人民出版社，2006.

［25］景爱. 长城[M]. 北京：学苑出版社，2008.

［26］中国长城学会. 长城百科全书[M]. 长春：吉林人民出版社，1994.

［27］中国长城学会. 中国长城年鉴[M]. 北京：长城出版社，2006.

［28］张玉坤. 中国长城志：边镇·堡寨·关隘[M]. 南京：江苏凤凰科学技术出版社，2016.

［29］金应熙. 金应熙史学论文集[M]. 广州：广东人民出版社，2006.

［30］刘谦. 明辽东镇长城及防御考[M]. 北京：文物出版社，1989.

［31］艾冲. 明代陕西四镇长城[M]. 西安：陕西师范大学出版社，1990.

［32］王毓铨. 明代的军屯[M]. 北京：中华书局，2009.

［33］杨正泰. 明代驿站考[M]. 上海：上海古籍出版社，1994.

［34］周小棣，等. 边隅要冲　京师屏：明长城大同镇段的地理与建造信息[M]. 南京：东南大学出版社，2013.

［35］沈旸，等. 峰环万叠　险胜重围：明长城蓟州镇段的历史建造与保护[M]. 南京：东南大学出版社，2013.

［36］周小棣，等. 负山阻海　地险而要：明长城防御体系之辽东镇卫所城市[M]. 南京：东南大学出版社，2013.

［37］顾江. 文化遗产经济学[M]. 南京：南京大学出版社，2009：23-34.

［38］阮仪三. 历史环境保护的理论与实践[M]. 上海：同济大学出版社，1999.

［39］单霁翔. 城市化发展与文化遗产保护[M]. 天津：天津大学出版社，2006.

［40］常青. 建筑遗产的生存策略——保护与利用设计实验[M]. 上海：同济大学出版社，2003.

［41］北京市规划委员会. 北京历史文化名城北京皇城保护规划[M]. 北京：中国建筑工业出版社，2004.

［42］孟宪民，于冰，李宏松，等. 大遗址保护理论与实践[M]. 北京：科学出版社，2012.

［43］国家文物局. 长城资源调查工作文集[M]. 北京：文物出版社，2012.

［44］辽宁省文物局. 辽宁省明长城资源调查报告[M]. 北京：文物出版社，2011.

［45］天津市文物局，等. 天津市明长城资源调查报告[M]. 北京：文物出版社，2012.

［46］河北省文物局. 河北省明长城资源调查报告（涞源卷）[M]. 北京：文物出版社，2010.

［47］内蒙古自治区文化厅，等. 内蒙古自治区长城资源调查报告：明长城卷[M]. 北京：文物出版社，2013.

［48］陕西省考古研究所. 陕西省明长城资源调查报告：营堡卷[M]. 北京：文物出版社，2011.

［49］陕西省考古研究所. 陕西省明长城资源调查报告[M]. 北京：文物出版社，2015.

［50］青海省文物管理局，等. 青海省明长城资源调查报告[M]. 北京：文物出版社，2012.

［51］国家文物局. 中国文物地图集[M]. 北京：测绘出版社，2009.

［52］河北省文物研究所. 明蓟镇长城——1981～1987年考古报告[M]. 北京：文物出版社，2017.

［53］中国文化遗产研究院. 爱我中华 护我长城：长城保护（2006—2016）[M]. 北京：文物出版社，2017.

［54］傅熹年. 中国古代建筑工程管理和建筑等级制度研究[M]. 北京：中国建筑工业出版社，2012.

［55］彭勇. 明代班军制度研究——以京操班军为中心[M]. 北京：中央民族大学出版社，2004.

［56］邹启山. 联合国教科文组织人类口头和非物质遗产代表作申报指南[M]. 北京：文化艺术出版社，2005.

［57］北京市古代建筑研究所，等. 司马台长城[M]. 北京：燕山出版社，1992.

［58］孙荣先. 遵化长城[M]. 北京：华艺出版社，2009.

［59］北京市颐和园管理处，等. 颐和园遗产监测报告2013—2014[M]. 天津：天津大学出版社，2015.

［60］阮仪三，李红艳. 真伪之间：何谓真正的城市遗产保护[M]. 上海：同济大学出版社，2016.

［61］王雪农，林赛. 万里长城百题问答[M]. 北京：五洲传播出版社，2010.

［62］王蕙贞. 文物保护学[M]. 北京：文物出版社，2016.

［63］黄克忠. 中国文物保护与修复技术[M]. 北京：科学出版社，2009.

［64］河北省青龙县委员会文史资料研究委员会. 青龙文史资料第4辑[M]. 1988.

［65］河北省文物局长城资源调查队. 河北省明代长城碑刻辑录[M]. 北京：科学出版社，2009.

［66］方放. 天津黄崖关长城志[M]. 天津：天津古籍出版社，1988.

［67］肖立军. 明代中后期九边兵制研究[M]. 长春：吉林人民出版社，2001.

［68］比尼亚斯. 当代保护理论[M]. 张鹏，等，译. 上海：同济大学出版社，2012.

［69］BRANDI C. Theory of Restoration[M]. Florence: Nardini Editore, 2013.

［70］JOKILEHTO J. A History of Architectural Conservation[M]. Oxford: Butterworth Heinemann, 1999.

［71］MUZTAGH W J. Keeping Time: The History and Theory of Preservation in America[M]. Hoboken: John Wiley & Sons, 1988.

［72］STIPE R E. A Richer Heritage, Historic Preservation in the Twenty-First Century[M]. Chapel Hill: University of North Carolina Press, 2003.

［73］KING T F. Anthropology in historic preservation: caring for culture's clutter[M]. London: Academic Press, Inc. Ltd., 1977.

［74］CARBONARA G. Trattato di restauro architettonico (Terzo aggiornamento) [M]. Rome: Utet Giuridica, 2008.

期刊论文

［75］彭曦. 十年来考察与研究长城的主要发现与思考[A]//中国长城学会.长城国际学术研讨会论文集. 中国长城学会，1994：6.

［76］孙华. "线状遗产""线性遗产""文化线路"关系说[J]. 世界遗产，2015（3）：22.

［77］孙华. 论线性遗产的不同类型[J]. 遗产与保护研究，2016，1（1）：48-54.

［78］章玉兰. 系列遗产概念定位及其申报路径分析[J]. 中国文化遗产，2017（3）：47-57.

［79］陈昀. 大遗址的概念与分类研究[J]. 中国文物科学研究，2015（4）：24-27.

［80］陈同滨，王琳峰，任洁. 长城的文化遗产价值研究[J]. 中国文化遗产，2018（3）：4-14.

［81］韩光辉，李新峰. 北京地区明长城沿线聚落的形成与发展[C]//中国长城学会. 长城国际学术研讨会论文集. 中国长城学会，1994：10.

［82］南炳文. 明初军制初探[J]. 南开史学，1983（1-2）.

［83］李三谋. 明代边防与边垦[J]. 中国边疆史地研究，1995（4）：20-26.

［84］李三谋，刘彦威. 明代九边军屯与军牧[J]. 古今农业，2008（2）：56-66.

［85］余同元. 明后期长城沿线的民族贸易市场[J]. 历史研究，1995（5）：55-70.

［86］李宏松，于冰，李大伟，等. 长城保护工程勘察设计工作回顾性分析[J]. 中国文物科学研究，2013（4）：46-53.

［87］刘卫红. 大遗址保护规划中价值定性评价体系的构建[J]. 西北大学学报（自然科学版），2011，41（5）：907-912.

［88］徐苏斌，青木信夫. 关于工业遗产经济价值的思考[J]. 城市建筑，2017（22）：14-17.

［89］朱光亚. 历史文化资源的开发与建筑环境创造[J]. 时代建筑，1998（3）：81-83.

［90］李严，张玉坤，李哲. 明长城防御体系与军事聚落研究[J]. 建筑学报，2018（5）：69-75.

［91］李建丽. 河北明长城建筑概说[J]. 文物春秋，2003（5）：39-43.

［92］李建丽．河北明长城军事管理体制及兵力配置[J]．文物春秋，2008（6）：25-32．

［93］孟昭永．明长城敌台建筑形制分类[J]．文物春秋，1998（2）：29-35．

［94］高兴旺，林全国．从金山岭长城看长城敌楼的建筑形制[J]．中国文物报，2012-06-15（006）．

［95］晚学，王兴明．浅谈明长城墙台的几种类型[J]．文物春秋，1998（2）：26-28．

［96］陈洁，萧世伦，陆锋．面向人类行为研究的时空GIS[J]．地球信息科学学报，2016，18（12）：1583-1587．

［97］廖泫铭，范毅军．中华文明时空基础架构：历史学与信息化结合的设计理念及技术应用[J]．科研信息化技术与应用，2012，3（4）：17-27．

［98］杨申茂，张萍，张玉坤．明长城军事聚落历史地理信息系统体系结构研究[J]．建筑学报，2012（S2）：53-57．

［99］吴洪桥，张新．云GIS发展现状与趋势[J]．国土资源信息化，2015（4）：3-11．

［100］赵玲．浅析文物古迹保护中的价值评估——基于2015修订版《中国文物古迹保护准则》[J]．中国文化遗产，2017（6）：47-53．

［101］邓元媛，卓轩，常江．景观视域下城市工业遗产地价值评估研究[J]．中国园林，2017，33（11）：93-98．

［102］张军，王室程．建筑遗产价值评估方法[J]．哈尔滨工程大学学报，2017，38（10）：1661-1668．

［103］于磊，青木信夫，徐苏斌．工业遗产价值评价方法研究[J]．中国文化遗产，2017（1）：59-64．

［104］秦红岭．基于城市设计视角的建筑遗产文化价值构成及评估[J]．中国名城，2017（1）：11-16．

［105］宋刚，杨昌鸣．近现代建筑遗产价值评估体系再研究[J]．建筑学报，2013（S2）：198-201．

［106］崔卫华，郭玮．意愿调查法在我国遗产资源价值评价领域的应用与研究进展[J]．经济地理，2013，33（4）：168-173．

［107］沙迪，金晓玲，胡希军．基于层次分析法的遗产廊道适宜性评价——以湖南醴陵市为例[J]．湖北农业科学，2012，51（7）：1399-1403．

［108］查群．建筑遗产可利用性评估[J]．建筑学报，2000（11）：48-51．

［109］苏卉，占绍文，金青梅．我国文化遗产资源经济价值评估研究——以唐大明宫遗址为例[J]．价格理论与实践，2014（11）：114-116．

［110］杨丽霞．英国世界遗产地哈德良长城保护管理的启示——兼议大运河申遗及保护管理[J]．华中建筑，2010（3）：170-173．

［111］谭立峰，曹迎春，于君涵．复杂地形环境下建筑文化遗产保护范围划定方法初探——以长城保护范围划定为例[J]．河北地质大学学报，2017，40（3）：135-140．

［112］廖玉华，潘祖寿．宁夏红果子沟长城错动新知[J]．地震地质，1982（2）：77-79+83．

［113］贾亭立．中国古代城墙包砖[J]．南方建筑，2010（6）：74-78．

［114］李建丽，李文龙．河北长城概况[J]．文物春秋，2006（5）：19-22．

［115］BODENHAMER D J，孙顿，钦白兰，等．超越地理信息系统：地理空间技术及历史学研究的未来[J]．文化艺术研究，2014，7（1）：148-156．

［116］张建勋．文物保护区划划定技术新探索——以《河北省明长城保护规划》保护范围及建设控制地带区划标绘方法为例[J]．文物春秋，2018（3）：52-56．

［117］汤羽扬，刘昭祎．北京长城保护规划编制的思考[J]．中国文化遗产，2018（3）：41-47．

[118] 柯林斯，奥基，约翰，等. "双墙对话"：英格兰遗产委员会哈德良长城保护管理十年回顾[J]. 中国文化遗产，2018（3）：62-70.

[119] 刘文艳. 遗产特性分析视野下的长城监测体系研究[J]. 中国文化遗产，2018（3）：85-91.

[120] 王兵，汤羽扬，VITA MD. 明长城的建构信息数据获取、分析与建筑遗产保护研究——以北京延庆石峡长城为例[J]. 中国文化遗产，2017（4）：92-98.

[121] 刘艳，段清波. 长城世界文化遗产保护研究[J]. 中国国情国力，2016（10）：42-44.

[122] 张萍，陈华. 明长城沿线军事寨堡文化遗产保护刍议——以永泰龟城为例[J]. 西部人居环境学刊，2016，31（2）：46-51.

[123] 曹象明，周庆华. 山西省明长城沿线军事堡寨的区域保护与利用模式[J]. 城市发展研究，2016，23（4）：32-38.

[124] 邓明艳，罗佳明. 英国世界遗产保护利用与社区发展互动的启示——以哈德良长城为例[J]. 生态经济，2007（12）：141-145.

[125] 宋梦珂，包亚芳. 论线性文化遗产的保护与发展——以丝绸之路为例[J]. 建筑与文化，2017（11）：208-209.

[126] 霍艳虹，曹磊，杨冬冬. 京杭大运河"文化基因"的提取与传承路径理论探析[J]. 建筑与文化，2017（2）：59-62.

[127] 肖洪未，李和平. 城市文化资源的整体保护：城市线性文化景观的解析与保护研究[J]. 中国园林，2016，32（11）：99-102.

[128] 张定青，王海荣，曹象明. 我国遗产廊道研究进展[J]. 城市发展研究，2016，23（5）：70-75.

[129] 黄玉琴，许凡. 空间信息技术在茶马古道遗产保护管理中的应用初探[J]. 中国文物科学研究，2014（4）：46-49.

[130] 王思思，李婷，董音. 北京市文化遗产空间结构分析及遗产廊道网络构建[J]. 干旱区资源与环境，2010，24（6）：51-56.

[131] 俞孔坚，奚雪松，李迪华，等. 中国国家线性文化遗产网络构建[J]. 人文地理，2009，24（3）：11-16+116.

[132] 单霁翔. 大型线性文化遗产保护初论：突破与压力[J]. 南方文物，2006（3）：2-5.

[133] 常军富，沈旸，周小棣. 长城建造中的层位关系在构造层面的反映——以明长城大同镇段为例[J]. 中国文化遗产，2018（3）：24-30.

[134] 沈旸，相睿，常军富. 明代夯土长城的建造技术特征及其保护——以大同镇段为例[J]. 建筑学报，2018（2）：14-21.

[135] 李大伟. "应时顺势"：明长城建造的内在驱动力与作用研究[J]. 西安交通大学学报（社会科学版），2018，38（2）：134-139.

[136] 周小棣，沈旸，常军富. 长城的建造技术特征与建造信息保护——以明长城大同镇段为例[J]. 建筑学报，2011（S2）：57-61.

[137] 清华大学，等. 空间信息技术在大遗址保护中的应用研究（以京杭大运河为例）[N]. 中国文物报，2010-05-28（004）.

[138] MASON R. Economics and Heritage Conservation: A Meeting Organized by the Getty Conservation Institute[C/OL]. Los Angeles, CA: Getty Conservation Institute, 1999. [2019-08-24]. http://hdl.

handle.net/10020/gci_pubs/economics_and_heritage.

[139] ERICA A, MASON R, TORRE M D L. Values and Heritage Conservation: Research Report[C/OL]. Los Angeles, CA: Getty Conservation Institute, 2000. [2019-08-24]. http://hdl.handle.net/10020/gci_pubs/values_heritage_research_report.

[140] RUIJGROK E C M. The three economic values of cultural heritage: a case study in the Netherlands [J]. Journal of Cultural Heritage, 2006, 7(3): 206-213.

[141] CHOI A S, RITCHIE B W, PAPANDREA F, et al. Economic valuation of cultural heritage sites: a choice modeling approach [J]. Tourism Management, 2010, 31(2): 213-220.

[142] BOL P K. The China Historical Geographic Information System (CHGIS) Choices Faced, Lessons Learned [A]// The Conference on Historical Maps and GIS. Nagoya University, 2007(8).

[143] TORRE M D L. Assessing the Values of Cultural Heritage: Research Report[C/OL]. Los Angeles, CA: Getty Conservation Institute, 2002. [2019-08-24]. http://hdl.handle.net/10020/gci_pubs/values_cultural_herita.

学位论文

[144] 李严. 明长城"九边"重镇军事防御性聚落研究[D]. 天津: 天津大学, 2007.

[145] 范熙晅. 明长城军事防御体系规划布局机制研究[D]. 天津: 天津大学, 2015.

[146] 曹迎春. 明长城宣大山西三镇军事防御聚落体系宏观系统关系研究[D]. 天津: 天津大学, 2015.

[147] 王琳峰. 明长城蓟镇军事防御性聚落研究[D]. 天津: 天津大学, 2012.

[148] 杨申茂. 明长城宣府镇军事聚落体系研究[D]. 天津: 天津大学, 2013.

[149] 谭立峰. 河北传统堡寨聚落演进机制研究[D]. 天津: 天津大学, 2007.

[150] 韩霄. 明长城文化遗产整体性价值评估研究[D]. 天津: 天津大学, 2016.

[151] 应臻. 城市历史文化遗产的经济学分析[D]. 上海: 同济大学, 2008.

[152] 黄明玉. 文化遗产的价值评估及记录建档[D]. 上海: 复旦大学, 2009.

[153] 苏琨. 文化遗产旅游资源价值评估研究[D]. 西安: 西北大学, 2014.

[154] 陈蔚. 我国建筑遗产保护理论和方法研究[D]. 重庆: 重庆大学, 2006.

[155] 张倩. 历史文化遗产资源周边建筑环境的保护与规划设计研究[D]. 西安: 西安建筑科技大学, 2011.

[156] 林佳. 中国建筑文化遗产保护的理念与实践[D]. 天津: 天津大学, 2013.

[157] 苗苗. 明蓟镇长城沿线关城聚落研究[D]. 天津: 天津大学, 2004.

[158] 陈欣. 景德镇文化遗产保护数据库的建设与应用研究[D]. 北京: 清华大学, 2014.

[159] 唐智华. 京杭运河文化遗产保护数据库的设计与实现[D]. 长沙: 中南大学, 2009.

[160] HE J. GIS-based Cultural Route Heritage Authenticity Analysis and Conservation Support in Cost-surface and Visibility Study Approaches[D]. Hong Kong: The Chinese University of Hong Kong, 2008.

[161] 曹象明. 山西省明长城沿线军事堡寨的演化及其保护与利用模式[D]. 西安: 西安建筑科技大学, 2014.

[162] 周英. 文化遗产旅游资源经济价值评价研究[D]. 大连: 大连理工大学, 2014.

[163] 刘奕彤. 传统村落价值评估研究[D]. 北京: 北京建筑大学, 2018.

[164] 郜婷. 北京地铁沿线文化遗产资源价值评估[D]. 北京: 北京交通大学, 2017.

［165］王哲. 北京长城文化展示带构建研究[D]. 北京：北京建筑大学，2016.

［166］初妍. 青岛近代工业建筑遗产价值评价体系研究[D]. 天津：天津大学，2016.

［167］卜兴兰. 长城军事防御体系研究可视分析系统的设计与实现[D]. 天津：天津大学，2016.

［168］邓丽华. 基于AHP的茶马古道云南段文化遗产廊道构建研究[D]. 昆明：云南师范大学，2015.

［169］郭栋. 地理因素影响下明蓟镇长城防御体系研究[D]. 天津：天津大学，2014.

［170］庄和锋. 明长城山海关防区防御体系与军事聚落研究[D]. 天津：天津大学，2012.

［171］王力. 明长城大同镇军事防御聚落整体性[D]. 天津：天津大学，2004.

［172］刘珊珊. 明长城居庸关防区军事聚落防御性研究[D]. 天津：天津大学，2011.

［173］尚珩. 明大同镇长城防御体系研究[D]. 太原：山西大学，2010.

［174］黄家平. 历史文化村镇保护规划技术研究[D]. 广州：华南理工大学，2014.

［175］贺欢. 我国文物建筑保护修复方法与技术研究[D]. 重庆：重庆大学，2013.

［176］卜琳. 中国文化遗产展示体系研究[D]. 西安：西北大学，2012.

［177］刘敏. 天津建筑遗产保护公众参与机制与实践研究[D]. 天津：天津大学，2012.

［178］阮渊博. 辽宁省明长城建造特点研究[D]. 北京：北京建筑工程学院，2012.

［179］刘昭祎. 长城与水的关系研究[D]. 北京：北京建筑工程学院，2012.

［180］张倩. 历史文化遗产资源周边建筑环境的保护与规划设计研究[D]. 西安：西安建筑科技大学，2011.

［181］张帆. 近代历史建筑保护修复技术与评价研究[D]. 天津：天津大学，2010.

［182］史晨暄. 世界遗产"突出的普遍价值"评价标准的演变[D]. 北京：清华大学，2008.

［183］胡平平. 自然地理环境与长城北京段关系研究[D]. 北京：北京建筑工程学院，2008.

［184］林源. 中国建筑遗产保护基础理论研究[D]. 西安：西安建筑科技大学，2007.

［185］朱强. 京杭大运河江南段工业遗产廊道构建[D]. 北京：北京大学，2007.

［186］汝军红. 历史建筑保护导则与保护技术研究[D]. 天津：天津大学，2007.

［187］覃京燕. 文化遗产保护中的信息可视化设计方法研究[D]. 北京：清华大学，2006.

［188］吴美萍. 文化遗产的价值评估研究[D]. 南京：东南大学，2006.

［189］李海燕. 大遗址价值评价体系与保护利用模式研究[D]. 西安：西北大学，2005.

［190］辛慧琴. 意大利古旧建筑保护及改造再利用浅析[D]. 天津：天津大学，2005.

［191］田林. 大遗址遗迹保护问题研究[D]. 天津：天津大学，2004.

法律法规

［192］第二届历史古迹建筑师及技师国际会议. 威尼斯宪章（保护文物建筑及历史地段的国际宪章）[Z]. 1964.

［193］国际古迹遗址理事会（ICOMOS）澳大利亚国家委员会. 巴拉宪章[Z]. 1999.

［194］国际古迹遗址理事会（ICOMOS）第十五届大会. 西安宣言[Z]. 2005.

［195］奈良真实性会议. 奈良真实性文件[Z]. 1994.

［196］联合国教育、科学及文化组织保护世界文化遗产和自然遗产政府间委员会. 实施世界遗产公约的操作指南[M]. 北京：文物出版社，2014.

［197］中华人民共和国国务院. 长城保护条例[Z]. 2006-10-11.

［198］国家文物局. 中国长城保护报告（全文版）[R/OL].（2016-11-30）[2019-08-24]. http://www.

ncha.gov.cn/art/2016/11/30/art_722_135294.html.

［199］国家文物局. 长城保护工程（2005—2014）总体工作方案[Z]. 2005.

［200］国家文物局. 关于印发《长城"四有"工作指导意见》和《长城保护维修工作指导意见》的通知[EB/OL]. （2014-02-10）[2019-08-24]. http://www.ncha.gov.cn/art/2014/2/25/art_2237_23461.html.

［201］国家文物局. 长城保护规划编制指导意见（征求意见稿）[Z]. 2015.

［202］国家文物局，国家测绘局. 长城资源调查工作手册[Z]. 2007.

［203］河北省古代建筑研究所. 河北省明长城保护管理规划：规划文本[Z]. 2016.

［204］河北省古代建筑研究所. 河北省明长城保护管理规划：规划说明[Z]. 2016.

［205］国家文物局公布辽宁绥中锥子山长城大毛山段抢险工程调查情况[R/OL]. （2016-09-27）[2019-08-24]. http://www.sach.gov.cn/art/2016/9/27/art_722_133803.html.

［206］国家文物局. 石质文物病害分类与图示[M]. 北京：文物出版社，2008.

［207］国际古迹遗址理事会中国国家委员会. 关于中国文物古迹保护准则若干重要问题的阐述[Z]. 2000.

［208］国际古迹遗址理事会中国国家委员会. 中国文物古迹保护准则[Z]. 2015.

［209］全国人民代表大会常务委员会. 中华人民共和国文物保护法（2017年修正本）[Z]. 2017.

［210］国家七部局. 关于进一步加强长城保护管理工作的通知[Z]. 2003.

［211］文物保护管理暂行条例[G]//国家文物局. 中国文化遗产事业法规文件汇编1949—2009：上. 北京：文物出版社. 2009.

［212］中国文物古迹保护准则[M]//张松. 城市文化遗产保护国际宪章与国内法规选编. 上海：同济大学出版社，2007.

［213］中国建筑设计研究院建筑历史研究所. 长城保护规划大纲（讨论稿）[Z]. 2016.

［214］北京市人民政府. 北京市长城保护管理办法[Z]. 2003-5-22.

［215］北京市文物局. 关于划定长城临时保护区的通知[Z]. 2003.

［216］河北省人民政府. 河北省长城保护管理办法[Z]. 2017-2-1.

［217］Hadrian's Wall Heritage Ltd. Hadrian's Wall World Heritage Site Management Plan 2008—2014[Z]. 2008.

网络数据

［218］丝绸之路历史地理开放平台[DB/OL]. [2019-08-24]. http://www.srhgis.com.

［219］长城分布. 中国长城遗产[DB/OL]. [2019-08-24]. http://www.greatwallheritage.cn/CCMCMS/html/1/index.html.